不老思維

只要你願意，就可以越活越年輕

貝卡·雷維 Becca Levy—著　　陳芙陽—譯

Breaking the Age Code

How Your Beliefs About Aging Determine
How Long and Well You Live

獻給我的父母及英雄——查爾斯（Charles）和艾麗諾（Elinor）

CONTENTS

前言　美國與日本之間的思想碰撞

我在研究所讀到一半的時候，很幸運地拿到美國國家科學基金會（National Science Foundation）的研究獎學金，得以去日本生活了一個學期。我的目標是要調查人們在日本邁入老年的歷程，以及對老化的不同思考方式。我知道日本人是全球最長壽的民族，儘管許多研究人員將這個現象歸功於健康飲食或基因差異，但我想了解，是否還有給予他們優勢的心理層面因素。

在收拾一切準備旅居日本六個月之前，我去佛羅里達探望霍蒂（Horty）奶奶。一下飛機，她看了我一眼就說：「妳需要維生素。」她堅信研究所的學業和波士頓的壞天氣讓我虛弱不堪，所以我們就去買了她口中的維生素——雜貨店中所有帶得走的橘子和葡萄柚。

霍蒂奶奶是很厲害的高爾夫球員，也是熱愛步行的前紐約客，所以要跟上她在店裡穿行的果斷腳步並不是件容易的事——直到她跌倒在地。我急急上前扶她起身，驚恐地見到她腳上出現了一道血淋淋的傷口。

「不痛啦。」她咬著牙要我放心，甚至還擠出笑容，維持一貫堅忍的模樣。

「妳應該瞧瞧另一個傢伙。」她開玩笑說道。

「另一個傢伙」倒在我的腳邊：這是一個邊角以尖銳鋸齒金屬加固的木板箱；其中一個邊角滴著血。我們雙雙放下籃子，我跟著奶奶幫忙收拾她手提袋中散落一地的東西。

走到外面的途中，她和店家挑明了這件事。店家剛才聽到跌倒的聲響時，抬頭瞄了一眼，然後就繼續待在櫃檯翻看手中的畫報。

「你不應該把木箱放在店中央。」奶奶以店家不配得到的禮貌語氣對他說道：「我可能會受傷。」她的小腿已經流血了。

店家打量了她一下，瞧了瞧走道中央的木箱。「哦，或許妳不該到處走動。」他冷淡地說：「老人家經常跌倒可不是我的錯，所以別來怪我。」

霍蒂震驚到下巴都快掉到地上，而我好想一把從櫃檯扯下他的畫報，但我最後卻只狠狠瞪了他一眼，便護著奶奶上車。我不顧霍蒂的反對，直接帶她去看醫生，檢查後發現她的腳沒事。醫師說，貌似嚴重，但其實只是破皮而已，並且加上一句，奶奶看起來相當健康。

我以為這件事就這樣結束了，但這個下午卻產生了深刻的影響。那天晚上，霍蒂要我幫她的酪梨樹澆水，而這原本是她喜歡親自動手做的事。隔天，她告訴我，她跟美髮師有約，但不敢自己開車，所以要我載她去。她似乎仍在重溫雜貨店老闆的說法，她以未曾有過的角度，開始質疑自己身為老年人的能力。

幸好，在我飛往日本之前，霍蒂就擺脫了年齡歧視所引發的恐慌感。搭機的前一天早上，她堅持要帶我輕快走上一程，要我在長途飛行之前，先好好伸展一下雙腿。我們散步回來後，她給了我一份手寫的餐廳推薦清單，原來是二十年前她和爺爺造訪日本時留下來的。

只是，當揮別霍蒂前往東京時，我不禁思考，如果幾句負面的話就會影響霍蒂這樣堅強又充滿活力的人，那麼負面的老年刻板印象會對我們整個國家造成什麼狀況呢？它們又具有怎樣確切改變我們老化方式的力量？而如果改變對於老化的想法和談論它的方式，**我們**能夠擁有怎樣的力量呢？

東京的銀髮巨星

開始東京的新生活時，我的思緒經常飛回霍蒂奶奶身上，想像她在佛羅里達傍晚的涼爽暮光中為酪梨樹澆水，思索她會怎樣看待這個地方。在這裡，經常可以看到電視上讚揚已是百歲人瑞的壽司師傅，而且年長親屬在用餐時可以優先享用。

列為國定假日的「敬老之日」到來時，我還在日本。那一天，我穿過新宿公園時，遇到了成群結隊的舉重員，他們有些打著赤膊，有些穿著緊身運動衣，而全都是七、八十歲的年紀，他們昂首闊步，舉著啞鈴，展現健美結實的身體。全國各地的人們在這一天，搭乘高速列車、船隻、汽車橫越這個群島國度，返家探望長輩。不只有餐廳當天免費招待長者，還有學童會為行動不便的老年人，準備並送上裝滿新鮮壽司和精緻天婦羅炸物的便當。

「敬老之日」的意思是「尊敬老年人的日子」，但實際上日本人已經是一年三百六十五日都這麼實行。音樂教室盡是七十五歲第一次嘗試電吉他滑音技巧的長者；書報攤陳列著色彩繽紛的漫畫，這些深受各年齡層讀者喜愛的書中敘說著長者戀愛的故事。日本人把老年看作是一種享受，一種活著的事實，而不是一種恐懼或憎恨。

美國則是完全不同的文化光景，這種現象不是只出現在霍蒂奶奶和那位帶有年齡歧視的店家之間的互動，而是無所不在：廣告看板上是宣傳「抗老化」的護膚產品；深夜電視廣告中，當地整形外科醫師提起皺紋時，彷彿化身為描述敵軍的將軍；老年人還得忍受餐廳及電影院的幼稚問候。無論看向哪裡，不管是在電視節目、童話故事或網路上，老年都被等同於健忘、虛弱與衰退。

在日本，我了解到，身處的文化背景會影響我們如何老化。以更年期的例子來說，我發現日本文化通常不會對此大作文章，只是把它當成可以帶來一個珍貴生命階段的老化自然過程，而不是女性易怒和性功能退化的西方刻板印象素材，不會把更年期描述成中年折磨。比起北美，日本人比較不會去污蔑這種老化的自然樣貌，而這又會產生怎樣的結果呢？相較於同齡的美國與加拿大女性，日本年長女性經歷潮熱（hot flash）[1]及其他更年期症狀的可能性小了許多。而主持這項研究的人類學家指出，日本年長男性在文化上受到「如同國家搖滾明星」般的對待，也被發現比歐洲同輩男性分泌更高的睪酮量。這表示，性欲老化狀況會因為所屬文化對於老化的理解和對待方式而有所不同。

我開始想要了解文化對於個人的年齡信念（age belief）產生了多大的影響？這裡的年齡信念指的是「我們如何看待老年人，以及變老這件事」。我也好奇這些個人觀念進而影響老化過程的範圍，年齡信念是否有助於解釋「為什麼日本人擁有全世界最長的平均壽命？」。

我在研究所攻讀社會心理學，這是探討個人的思考、行為和健康如何受到所屬及互動的社會和群體影響的科學。我想要著重在長者的經驗，因為大部分的心理學研究都忽略了他們。而我現在面對的難題是：要如何衡量「文化」這種模糊的東西對於「生理」這種明確事物的影響程度。

年齡信念對於長者健康的影響

回到波士頓後，我開始試驗文化上的年齡刻板印象對於長者健康和生活的影響。在進行了一個又一個的研究之後，我發現：對於變老抱持較正向看法的長者比看法較負面的長者，擁有更好的身體及認知狀況。他們比較容易從嚴重的失能中復原，記憶力更好，走路速度更快，甚至也更為長壽。

我也可以證明，我們認為和老化有關的許多認知和生理問題，像是聽力損失及心血管疾病，也是我們自社會環境吸收而來的年齡信念所帶來的產物。我發現年齡信念甚至可以作為一種緩衝物，防止帶有阿茲海默症的可怕基因「載脂蛋白第四型」（ApoE ε4）的人士發展成失智。

本書主旨在於探討：我們思考老化的方式與這些信念，是如何或大或小地影響了我們的健康，並適用於任何希望安然變老的人。在隨後幾頁中，我也將剖析負面的年齡刻板印象，了解它們是如何在我們心中形成？如何運作？又可以如何改變？儘管這些刻板印象已在文化中發展了數百年，並且被同化在個人的一生當中，但事實上，它們還是相當脆弱，仍舊可以被打破、改變及重塑。

在我的耶魯大學實驗室中，我可以僅僅激發正向的年齡刻板印象大約十分鐘，人們的記憶表現、步態、平衡、速度，甚至生活意願就會隨之改善。在這本書中，我將展示無意識（unconscious）中促發或啟動的年齡刻板印象是如何產生作用，這說明了我們刻板印象的無意識本質，以及如何加強我們對於老化的看法。

藉由正確的心態和工具，我們可以改變年齡信念。但是，要找到這些信念的起源，需要改變年齡歧視的文化。為了更加了解我們是如何出現這種信念，以及其他可能造成的原因，我們將探討世界各地及歷史上的文化替代選項，我們將探索成功的老化故事，造訪運動員、詩人、社運人士、電影明星、藝術家和音樂家的家鄉，一窺他們的回憶和見解。我們將探索如何改變我們的文化，了解到如何將長者妥善地融入社區之中，才能帶來更好的集體健康和財富。

從人口統計學來說，我們正處於一個關鍵時刻，現在全世界年滿六十四歲的人口，史上首次高於五歲以下的人口。有些政治家、經濟學家以及新聞記者對於所謂的「銀髮海嘯」感到焦慮，但他們沒有抓到重點。這麼多的人正在體驗老年，而且處於一種比過去更好的健康狀態，這可說是社會最偉大的成就之一，同時也是重新思考老化意義的難得機會。

在雜貨店年齡歧視事件的許多年之後，霍蒂奶奶去世了，我和親人齊聚一堂，頌揚她平凡又卓越的一生。她經歷了二十世紀的大部分時光，同時見證了它的進步與暴行。

她度過極為充實的一生，即使在撫養我爸爸長大的期間，以及照顧我爺爺因為怪異又可怕的阿茲海默症而逐漸退化，也是如此。她在邁入八十歲及九十歲大關後，仍舊旅行、打高爾夫，和朋友一起長程散步。她舉辦精心策劃的化裝派對，並且寫信給我們，信中反映出她令人難忘的個性，顯得既自信又風趣。

每當我收到她的來信，感覺就好像她和我一起坐在這個房間裡。在她人生的最後十年，她跟我父親經常會打開電視收看同一件引人注目的法庭判案，然後通電話一起討論。雖然我父親住在嚴寒的新英格蘭，霍蒂奶奶身處晴朗而潮濕的佛羅里達，但他們彷佛坐在同一個客廳，閒聊哪一個律師正在討好法官，誰的領帶看起來最可笑。

霍蒂奶奶讓人永難忘懷，所以當我們整理她的遺物，替它們找尋新的歸處時，她的離去更顯得格外明顯，而她的地下室更是證明了她度過豐富精采的人生。霍蒂奶奶在開始照顧艾德（Ed）爺爺之前，兩人攜手遊歷各地數十年，收集紀念品。我覺得她的地下室就像一個神奇洞穴，有著古老的法國香水瓶、精美的義大利和印尼飄逸絲巾，以及精緻的摩洛哥雕刻小盒。在這些東西當中，還有一座小型的和式屏風，障子紙製成的屏面畫著一棵盛開的櫻花樹，上面貼著寫有我名字的便利貼。我記得我曾對霍蒂奶奶坦承，當我坐下來寫作時，有時需要一段時間才能定心專注，她告訴我佛洛伊德（Sigmund Freud）[2]會用屏風來隔離外在世界以集中注意力。我很感動她把這座屏風留給我，也跟著回想起自己第一次造訪日本，以及她跌倒的那一幕。

奶奶去世後不久，我有了一個驚人的發現。在分析俄亥俄州牛津小鎮居民生活和見解的相關研究資料時，我發現到決定這些居民長壽最重要的因素，比性別、收入、社會背景、孤獨感或身體機能健康更為重要的是：人們對於老年的看法和應對方式。研究顯示，年齡信念可以竊取或延長近八年的壽命，換句話說，這些信念並不只存在於我們的腦海。不管是我們收看的節目、閱讀的事物，或是哄堂大笑的笑話，由這些文化或飲食所產生的種種心像（mental image）[3]，無論好壞，都會成為我們最終演出的腳本。

首次觸及這個長壽的發現時，我想起了霍蒂奶奶，以及我們家族非常有幸能在她九十二歲辭世之前，與她共度人生。我想到她是多麼幸運，能以自己的方式應對年老，我想到那些賜予的額外歲月，以及它從何而來。我們能和霍蒂奶奶多相處了七、八年的時光，是否正是因為她在晚年熱切擁抱了生活呢？如果有一種可以讓人安然變老的密碼，一個系統或是一套方法，那麼年齡信念就是其中之一。

我們的人生是許多不同因素的產物，當中有很多是我們無法控制的，像是出生地和家庭背景、基因組成，以及遭遇的事件。我深感興趣的是，找出我們**可以**控制的因素，來改善健康與老化的體驗，而其中一個因素就是「我們思考老化以及生命週期概念的方式」，這也正是本書所要探討的內容：就個人或社會而言，要如何改變在變老時我們對自身及周遭人士的想法，才能享受這項改變所帶來的好處？

第一章　腦中情景

每年秋季，我在耶魯大學開始講授健康與老化課程時，都會先要求學生想像眼前有一名老年人，並列出腦海中浮現的前五個詞語，他可以是真實人物，也可以是想像出來的。「別想太多。」我告訴大家：「答案沒有對錯，直接寫下浮現腦海中的任何聯想就好。」

現在請試試看，寫下當你想像一名老人，心中所出現的前五個詞語。

寫完之後，看看列出的清單，其中有多少是正向的？又有多少是負面的？

如果和大多數人一樣，你寫下的清單很有可能至少包括幾個負面詞語。以來自波士頓市郊的七十九歲小提琴製造家羅恩（Ron）為例，他的回答是：「老態龍鍾、遲緩、病態、脾氣暴躁，以及頑固。」現在，再來看看一個名叫碧玉（Biyu）的八十二歲中國女性的描述：「智慧、熱愛京劇、唸書給孫子聽、經常散步，而且慈祥。」她過去曾在鉛筆工廠工作，如今是來領取退休金支票。

這兩種互相衝突的想像，反映了在不同的文化中，居於壓倒性地位的廣泛年齡信念範圍，這些信念決定了我們如何對待年長親屬、規劃生活空間、分配醫療保健資源，以及組成社區的方式。最終，它們還會決定長者如何看待自己，並影響他們的聽力與記憶力好壞，以及壽命的長短。

儘管大部分的人並未意識到他們對老化帶有成見，但任何地方的任何人都確實具有成見，而不幸的是，現今世界上盛行的文化年齡信念大多是負面的。檢視這些信念，發掘它們的起源及運作方式，我們便可以有所依據，如此一來不但可以改變對老化的說法，還可以改變我們邁入老年的行為舉止。

年齡信念是什麼？

年齡信念是我們期望長者如何按照年齡行事的心理地圖（mental map）[4]，這些心理地圖通常包括我們腦海中的印象，在注意到相關群體時就會觸發啟動。

順帶一提，當我談論到「長者」時，通常指的是至少已年過五十的人，但這其實並沒有設定的年齡門檻。我們通常基於文化暗示，像是符合「敬老折扣」或社會福利津貼的領取資格、被勸說退休等情況，來感覺自己有多「老」，而不是實際的歲數。事實上，沒有單一的生物標記可以辨識一個人何時邁入老年，這也表示老年是一種略微流動的社會建構。這正是年齡信念在伴隨「關聯性」的預期之下，會如此有影響力的原因之一，因為這些信念定義了我們**如何**體驗晚年。

「預期」在許多狀況中可能相當有幫助。碰到關上的門時，我們根據過去的經驗，可以預期這扇門不是上鎖就是未上鎖。我們通常用不著問自己，如果轉動門把，門是否會倒下或是著火。多虧大腦具備這種快速、視覺化且經常是不假思索的狀況處理能力，因此我們不需要重新學習門的運作方式，反倒可以依靠我們已經熟悉的東西。這幾乎就是我們在這個世上度過每一天的方式：產生預期，然後依靠預期。

當然，年齡信念是對人而不是門的預期，但運作方式卻類似。就像大部分的刻板印象或心理捷徑，它是內在處理過程的自然產物，這種處理過程從我們嬰兒時期便已展開，以便分類並簡化這個世界洶湧而至的大量刺激。不過，它同時也是外在社會資源的產物，例如學校教育、電影或社群媒體，以及在這些領域運作的年齡歧視。

結構性和內隱性年齡歧視的連結

刻板印象往往在無意識中發生。大腦在我們意識到之前便已作出決定，而且可能還快上十秒鐘。神經科學家暨諾貝爾獎得主艾瑞克·坎德爾（Eric Kandel）發現，我們大腦運作大約有80%是無意識的。對於伸手握上門把來說，這完全沒有問題，但對人形成印象並作出決定，情況就不同了。

刻板印象通常是一種無意識的手段，讓我們用來對人類同胞做快速評估。然而，很多時候，這些印象並不是基於觀察或生活經驗，而是毫無鑑別地從外在社會世界直接吸收而來。

我們大部分的人都以為自己能夠公平、並確實地思考他人的事，但事實上，我們是社會性動物，腦海中根深柢固存在著無意識的社會信念，而我們通常沒有意識到它們已對我們產生了影響。這可能導致一種稱為「內隱偏見」（implicit bias）[5]的無意識應對方式，會自動影響我們喜歡或不喜歡某一群體的人。內隱偏見很難減輕，甚至讓人無法接受它的存在，因為它經常與我們有意識的信念背道而馳。更加複雜的是，內隱偏見往往反映了結構性偏見。

結構性偏見指的是社會機構的政策或常規，像是對員工有差別待遇的公司、對患者不能一視同仁的醫院。它經常與內隱偏見交織在一起，因為在機構當中，這些歧視可能在主管或醫師無意識的情況下發生，因此可以視為是內隱的。但同時，它也經常具有結構性，因為歧視強化了當權者的力量，而同時扣留了邊緣人們的力量。

為了檢視這兩種偏見，研究人員通常會要求自認客觀公正的科學家同儕，進行男性和女性求職者的履歷評估。幾乎每個案例中，男性求職者都比女性求職者更容易獲得錄用並得到較高的薪水，儘管結果發現，這些履歷在各方面都相同，差別只在使用了傳統的男性名字或傳統的女性名字。其中也存在一種相似的文化種族偏見，研究顯示，求職者把典型的「白人」身分標識加入履歷，明顯會比起沒有加入的人更常接到面試通知。

而年長求職者也面臨同樣的結構性和內隱性偏見，或說是年齡歧視。一項研究發現，當履歷中的其他各個方面都相同時，雇主會傾向把工作提供給年輕的求職者。儘管大量研究顯示年長員工往往比年輕員工更可靠也更熟練，但這種雇用模式卻仍舊一再出現。同樣地，當醫師拿到症狀和復原可能性都相同的相似病案研究時，相較於年輕患者，醫師往往較少為年長患者推薦治療方案。

結構性偏見和內隱偏見之間的界線薄弱，而且容易滲透。基於文化的結構性偏見滲入我們的信念，經常在我們毫無察覺的情況下被觸發啟動。多項研究也顯示，無論我們具有怎樣的意識信念，每一個人都具備無意識的偏見。

無意識的運轉

身為以研究「自我刻板印象」為生的人，我認為自己不容易受到影響。不過，**認為**自己知道和**確切**知道當然是不一樣的，生活中遇上的一些事，就會揭露這兩者之間令人不安的差別。

去年，我決定參加一個五公里路跑活動，以支持朋友參與的一個慈善機構。那是一個寒冷秋日的星期天早晨，被窩尤其顯得溫暖舒適，所以我按了太多次貪睡鬧鈴按鈕，最後我到得太晚，幾乎還來不及別好路跑號碼布、好好綁緊鞋帶，大會就已鳴槍起跑。大約跑了兩百公尺，經過一列高大的榆樹時，我聽見一聲可怕的爆裂聲，膝蓋後面旋即傳來一陣疼痛。我腳步踉蹌，呻吟出聲，腦海立刻出現一個畫面——來自科幻電影《露西》（*Lucy*）[6]的一個場景，當時史嘉蕾・喬韓森（Scarlett Johansson）[7]飾演的女子在走私犯把危險藥物植入她的胃裡時，她的身體部位迅速四散成為閃耀的光點。設想這個場景時，我的身體，這個一度值得信賴和可靠的朋友，也驟然以同樣的方式崩潰，但我心中的罪魁禍首不是什麼科幻實驗室藥物，而是年齡。

我步伐蹣跚地經過終點線，甚至對鼓勵我參加的友人苦笑了一下。開車回家後，我一瘸一拐地走進家門，抱怨說自己這個邁入中年的身體已經開始屈服於歲月的摧殘之下，這真是太快了。我心想，這是我跑步人生令人悲傷的提前結束。

然後，我身為醫師的丈夫檢查了一下我的腳，說肌肉嚴重拉傷。

這時候，步入青少年時期的女兒打斷我們。她當天早上一直在用筆電，目睹我衝出門趕去路跑。

「妳遲到了，對吧？」她問。

我點點頭。

「妳有熱身嗎？」

我搖搖頭，都已經遲到了，誰還有時間熱身呀？

她微笑。「哦，不就是這麼回事。」

我全家人都喜歡跑步，全都知道熱身運動可以啟動肌肉，伸長和延展動作可以保護它們免於過度拉扯而撕裂。不到一個月前，我另一個女兒就因為沒有先做伸展運動就衝去跑步，結果拉傷大腿肌肉。

不就是這麼回事。

知道身體其實沒有突然崩潰並未讓我釋懷，我反倒覺得困擾。我居然直覺地把拉傷歸咎在省略熱身以外的原因，怪罪在自己的年齡，也就是說，我的心智作出了並非意識中相信的連結：身體會隨著年紀而崩壞。我從就讀研究所開始，就一直在研究老化，比起大多數人，我都應該更加了解事實並非如此。所以，到底發生了什麼事？從小就不斷吸收存在周遭文化裡的負面刻板印象開始緩緩浮現，因而讓我突然恐懼和年齡相關的身體脆弱問題，導致我為膝蓋疼痛找錯原因。

這是負面的年齡刻板印象最有害的事情之一：它不只影響我們對別人的行為和判斷，往往還影響我們對自己的看法，而這些想法如果不加以抵消，就會對我們的感受和表現產生作用。

當我展開社會心理學家的生涯時，年齡刻板印象的現有研究，僅限於探討年齡信念如何影響孩子和年輕人對於長者的看法和行為，並未涉及年齡刻板印象對長者本身的影響。但在見識到霍蒂奶奶如何同化、並回應年齡歧視的店家主人對她施加的負面年齡刻板印象後，我開始相信，要減少未來這種事件的發生，同時找到利用年齡信念的力量以帶來好處的方法，首先我需要了解我們對於長者的信念是如何影響我們自己的老化。

文化信念是如何變成我們自己的信念

為更加了解基於文化的年齡刻板印象是如何深入我們內心，我開發出一種稱為「刻板印象體現理論」（stereotype embodiment theory，ＳＥＴ）的框架，在此提出，負面年齡信念對健康帶來的有害影響往往被誤導為老化不可避免的後果。同時，正向年齡信念正好相反，它對我們的健康有益。而我根據這兩個成對概念所進行的研究，也已經獲得其他五大洲科學家所進行的四百多項研究證實。

按照ＳＥＴ，年齡刻板印象影響我們健康的方法，涉及以下四個機制：

一、從兒時開始就在社會中被內化，並且持續整個人生。
二、無意識中運作。
三、隨著自我關聯度的增加而更具影響力。
四、透過心理、生理和行為途徑影響健康。

現在我將說明年齡信念是如何利用這些互鎖機制來深入我們內心，並影響我們整個人生的年齡密碼。

SET機制一：貫穿整個人生的內化作用

儘管我們時常認定孩子不會受到成人的負面信念污染，但實則年僅三歲的孩子就已經內化了文化中的刻板印象，並且足以表現出來，其中包括年齡刻板印象。針對美國和加拿大兒童的一項研究顯示，其中許多人已認為長者行動緩慢並且糊塗。結果發現，這種歸類傾向甚至更早期就開始：僅僅四個月大的嬰兒就能夠以年齡區分和分類人臉。

我們從所屬文化和社會吸收了各種負面的刻板印象，但面對負面年齡信念時卻尤其容易受到影響。有四個原因讓我們如同置放在一碗水中的海綿一樣吸收這些觀念。首先，它們極為普及；根據世界衛生組織的研究，年齡歧視是現今最普遍和最被社會接受的偏見。第二，不像種族或性別刻板印象，在年齡刻板印象涉及我們自身的年齡群體前，我們已經先和它們相處了數十年，於是很少質疑或嘗試抵抗這些觀念。第三，社會經常在長者居住、工作和社交的地方隔離他們；孩子注意到長者被隔離的方式，推斷這種社會區隔是年齡族群之間有意義且天生的不同所造成，而沒有理解到它通常的真實情況：這是權力人士在邊緣化長者。第四，隨著廣告和媒體不斷轟炸關於長者的訊息，這些刻板印象便在我們一生當中不斷得到強化。

SET機制二：無意識的運作

如同心理分析學家卡爾．榮格（Carl Gustav Jung）[8]的觀察：「除非把無意識變成意識，否則它就會指導你的人生，而你會稱之為命運。」年齡刻板印象對我們的健康產生如此大的影響，其中一個原因就是它往往在不知不覺中發生作用。

為了檢視滲透在文化中的眾多年齡歧視隱喻是如何影響我們，我發現啟動年齡刻板印象最有效的方式就是：潛移默化地呈現出它們。在我們的實驗研究中，人們坐在電腦螢幕前，單字以無法看清或一團模糊的速度迅速閃過，如此便可以進行無意識的感知。這些閃現的單字不是「智慧」這種正向刻板印象，就是「老朽」這樣的負面文字。在這之後，參與者進行各種簡單任務，像是在走廊上散步。透過這種方式，我證明了年齡刻板印象無意識中影響了一切，從我們的字跡整齊或潦草程度，到走路速度都受它影響。

SET機制三：年齡刻板印象的自我關聯

負面年齡信念的最壞影響要等到我們年紀增長後才會打擊我們，因為這些信念此時會變得具有自我關聯性。二十五歲時，把車鑰匙放錯地方，你可能不會太在意；但如果同樣的事發生在七十五歲，你可能就會擔心快要老糊塗了，因為我們這一生大部分時間都在吸收年過六十就會智力失能的刻板印象——即使如同我們下一章即將探討的，這種觀念其實並不正確。

暫且假裝你是老年人，小時候就聽到爸媽抱怨**他們的**爸媽老是健忘，並且認為這是年事已高的緣故；到了二十歲，廣告、電影和書籍對於老化的類似訊息可能繼續強化了這個信念；當步入中年，你開始在心中為別人健忘的例子貼上與變老有關的標籤；等你終於邁入自己的老年，每當想不起事情時，就會怪罪年老。這樣的舉動等於是在積極展現從小聽來關於老年人的刻板印象，只是現在把它指向了自己。這因此導致壓力，進而降低記憶力。這種破壞性的年齡刻板印象已經一輩子都盤踞在我們的腦海深處，很可能會對往後的日子造成損害（除非能夠以本書後面章節所提到的一些策略加以抵消）。

SET機制四：年齡信念深入我們內心的三個途徑

年齡信念可透過三個途徑對健康造成影響：心理、行為和生理方面。**心理**途徑的一個例子是，同化負面年齡信念的長者會形成自尊心低落的情況。在我最近收到的一封英國年長女性來信中，開場白就是：「說真的，我為自己變老感到羞愧。為什麼呢？因為社會告訴我：這是可恥的。」

當長者吸收負面年齡信念，發展出晚年健康勢必不佳的宿命論態度時，**行為**途徑開始產生作用。這時候，他們有時會減少健康行為，因為在前景黯淡下，這些行為似乎毫無意義。我的團隊發現，抱持負面年齡信念的長者比較不會好好服用處方藥物，也比較少運動。這種情況可能成為一種自我實現的預言：對於老化的負面信念導致不健康的行為，使得健康惡化，進而強化了最初的負面年齡信念。

第三條途徑是**生理**方面。我們已經發現，負面年齡信念會增加壓力的生物標記，包括皮質醇激素[9]，以及我們血液中稱為「C反應蛋白」（CRP）[10]的物質。時間一久，壓力生物標記的出現愈加頻繁和峰值愈高，甚至可能導致早逝。

這就是「不幸的三部曲」，這就是負面年齡信念如何從文化滲透到我們的健康，縮短我們的壽命，並減少我們的幸福感。我知道這聽起來很糟糕，也確實如此。但這些身體表現並非不可避免，負面年齡信念是可以抵抗和反轉的，進而帶來正向的心理、行為和生理結果。

從針對者到被針對者：年齡刻板印象的毒害

年齡刻板印象對我們的行為和感覺產生了如此深遠的影響，或許讓人難以接受，但不只是年齡信念，其他類型的自我刻板印象也會造成影響，例如：研究顯示，在測驗前先要求填寫人口統計問卷的種族調查時，黑人考生的表現往往比白人考生差；但若省略這個問卷時，考試成績就沒有明顯差異。把種族和智力表現作連結的刻板印象是如此強烈，只需要考生確認自己的種族就會牢牢扎根在他們心中。

另一項研究顯示，當女性參與者在收看誇大性別刻板印象的真正電視廣告後，通常會迴避在實驗的後續任務中擔任領導角色，儘管廣告本身與領導能力無關。實驗中有一個廣告播映的是，一名年輕女性拿到新的美容產品而興奮不已，高興地在床上蹦蹦跳跳。只要啟動關於特定群體的一個刻板印象，像這個例子是觸發女性專注於外表的刻板印象，就會打開防洪閘門，讓其他大量的刻板印象和聯想跟著湧入，其中一個就是女性不是優秀的領導者。

廣告大量採用的還有年齡刻板印象，它的運作方式和種族或性別刻板印象不一樣，要到晚年才會產生自我關聯性。長者在邁入老年前是針對者，而不是被針對者，他們帶有刻板印象看待長者，因此本身不需要質疑或抵抗這些刻板印象，這個事實使得年齡刻板印象的運作過程更加複雜。當長者進入老年，他們仍往往認同年輕人，而不是自己的新群體：老年人。

需要注意的是，年齡信念並不等同於悲觀或樂觀思維。各位可能會認為正向年齡信念只是正向思考的一個方面，而負面年齡信念是負面思考的一個形式。但在我的研究中，我發現除了快樂或憂鬱等一般情緒，**年齡信念**會驅動表現結果，像是回憶資訊的能力，以及在街區走動的速度。也就是說，損害或改善我們健康的是年齡信念，而不是情感觀點，無關你是屬於會把半杯水視為半滿還是半空狀態哪一種類型的人。

具有正向年齡信念的兩千歲老人

大部分探討族群信念的研究，不管是基於種族、性別、民族或年齡的群體，都是著重在負面信念。相較之下，我則是想要了解正向信念的潛在好處。

以美國電影製作人卡爾．雷納（Carl Reiner）[11]為例，他曾製作過電視情境喜劇《迪克．范戴克秀》（*The Dick Van Dyke Show*），同時也是史提夫．馬丁（Stephen Martin）[12]人氣電影《大笨蛋》（The Jerk）的導演；還有美國導演梅爾．布魯克斯（Mel Brooks），他執導並擔任《新科學怪人》（Young Frankenstein）和《製作人》（The Producers）兩部獲奧斯卡肯定的電影。雷納在九十八歲辭世，而他的終身好友布魯克斯仍然健在，在現今已邁入九十五歲的高壽。兩人都使用正向的年齡信念面對年歲的增長，雙雙比男性平均壽命多了至少十五年。他們年過九十之後仍極為多產，雷納寫了五本書，布魯克斯則繼續演戲、寫作並從事製作工作。他們也相當快樂，兩人的友誼經過數十年的歲月愈發緊密。直到雷納去世之前，兩人每天都會在雷納家中共進晚餐，收看電視益智競賽節目《危險邊緣》（*Jeopardy!*），隨後再看一部有趣的電影，有時是他們自己的作品。

雷納在九十五歲時，演出了一部關於九十多歲老年生活的ＨＢＯ紀錄片，片名是《如果你不在訃聞上，就吃早餐》（*If You're Not in the Obit, Eat Breakfast*）。他訪問的對象（包括布魯克斯）顯得風趣、自嘲，而且快樂。他們描述自己的生活富有成效而且充滿意義，抱怨因為年老，社會對待他們總是一副高高在上的樣子。諾曼·利爾（Norman Lear）[13]創作過許多一九七〇年代最令人難忘的情境喜劇（包括《一家子》〔*All in the Family*〕、《莫德》〔*Maude*〕和《傑佛遜一家》〔*The Jeffersons*〕），他在紀錄片中告訴雷納：「因為我九十三歲了，就應該有一定的行為方式，而像我可以碰觸到腳趾這樣的事實，應該不會太讓人驚奇。」他現在已經九十九歲了，才剛新創作出一部全拉丁裔角色的情境喜劇。

布魯克斯和雷納在數十年前就開始展現他們正向的年齡信念。在我的成長期間，爸媽經常播放布魯克斯和雷納的著名喜劇《兩千歲的老人》（*The 2,000-Year-Old Man*），雷納在當中扮演採訪者，而布魯克斯則飾演兩千歲的老人，以濃重困惑的猶太意第緒口音，即興創作故事和笑話。這個非常古老的人說出極其值得引用、時機恰到好處的東歐猶太人式機智妙語，成了節目的幽默感來源。

儘管雷納和布魯克斯在三十多歲創作這個小喜劇，只是為了自得其樂，在派對中逗樂朋友，但這個節目也反映並宣傳了他們對老年的正向意象。這位兩千歲老人的許多幽默觀察都涉及根據經驗而來的技能，這樣的技能讓他得以在混亂的世界中存活。此外，他展現了絕佳的記憶力，能夠背誦出他說是史上第一首歌的歌詞，那是一首古老的亞蘭語（Aramaic）[14]聖歌，聽起來剛好像是這首流行的爵士標準曲〈甜蜜的喬治亞布朗〉（Sweet Georgia Brown）。這和目前經常出現在單口喜劇和電視節目中，拿老年人的心智和身體開玩笑的大多數「老化幽默」，形成鮮明的對比。

改變年齡觀念

好消息是，年齡信念並非與生俱來，也不是我們一旦接受之後，就無法改變。我們首先能夠察覺這一點，是因為隨著文化的不同，年齡信念也有極大的不同。我發現在中國，當我要求人們描述心中先想到的老年人形容語詞時，最常見的回答是「智慧」，然而在美國，第一次出現在腦海的形象卻通常是「記憶衰退」。

我們也知道年齡信念具有可塑性，因為它們在整個歷史上是有所改變的，而且我在研究調查中，已經可以把它們從負面轉為正向。在本書未來的章節中，我們將探討這些文化的差異，以及歷史上和實驗上的年齡信念改變，同時根據這些模式，提出一種改善這些信念的策略。

年齡信念的廣泛影響

年齡信念幾乎影響我們生活的所有層面，包括醫療保健和工作機會的取得。憂鬱症的年老患者在尋求精神健康專家的協助時，比較不容易得到充分的治療，甚至可能沒有治療，因為這些專家普通認為憂鬱症是正常老化的一部分。這樣的想法並不只限於精神健康方面的認定，而是廣泛不受理年老患者，認為他們不值得照護。

老年醫學專家路易絲．艾倫森（Louise Aronson）分享了美國一家大型醫院舉行會議時所發生的一個故事，會中眾多醫師討論著附近療養院轉來的一個老年患者複雜病例，進行到一半時，一名部門主管級的醫師站起來表示，他對這個複雜病案有一個解決方案。

「我想到了，只需要讓療養院離我們醫院兩百公里就可以了。」

大家哄堂大笑，但其中隱含的假設是：治療老年病患浪費時間、照護和金錢。艾倫森補充一句：「如果有人對女性、有色人種或LGBTQ[15]同志群體說這樣的話，一定會引發公憤，這個案例卻沒有，這樣的情況讓人好想哭。」

負面年齡信念也在就業市場中橫行，六十八歲的美國人中只有三分之一仍受到雇用，部分的原因就是認為年長勞工的效率低下，需要淘汰。Facebook員工年齡的中位數是二十八歲，Google是三十歲，而Apple是三十一歲。

這是因為，只有年輕人才具有在科技公司工作的必要技能，還是這個領域充斥著負面的年齡信念？我們應該詢問傳奇的蘋果工程師沙因柏格（JK Scheinberg），他曾負責極機密的馬克勒計畫（Marklar Project），讓蘋果的作業系統轉移到英特爾平臺，促使MacBook獲得現今的巨大成功。沙因柏格在蘋果工作二十一年後，決定在五十多歲時提早退休，但沒多久他就發現自己愈來愈無聊，而且焦躁不安。他想到一個讓自己有用武之地的簡單方法，便應徵當地Apple Store技術支援單位「天才吧」（Genius Bar）的兼職工作，面試者說會與他聯繫。但沙因柏格始終沒有接到回音，他認為這是因為他是面試中最年長的求職者，比其他人大了好幾十歲。

負面的年齡信念是所有的內隱偏見中最受容忍的類型，它們把老年人逐出充滿活動的社區、醫師診間和工作場所，毫無理由，只因為年齡。

老化是一種生物學上的過程，但它並不存在於某個嚴格的生物學層面，不獨立於我們對成為老年人和變老意義的信念與實踐。我們經常沒有意識到年齡信念不是科學事實，而是文化偏見的產物。我們忘記只有25%的健康狀況是由基因決定。這表示，我們75%的健康狀況是由環境因素決定，其中有許多是我們可以掌握的。正如我的研究所顯示的，其中一個可控制因素就是：年齡信念。

在本書的前半，我將提出關於年齡信念的科學發現，以及包括藝術家、電影明星和運動員等各領域人士的故事，以說明這些信念如何影響我們的健康、生理、記憶力和整體幸福感。在本書後半，我將分享基於證據的策略，協助大家駕馭年齡信念的強大力量，並對抗結構性年齡歧視，藉此幫助你以及你所關愛的人，還有我們所生活的這個世界。

第二章　剖析「高齡瞬間」

有時候我們會記憶短路，忘記剛剛看的電影中的主角名字，或是走進房間拿東西卻忘了要拿什麼。這是一種令人挫折的心智狀態，大家都有過經驗。我們經常把記憶力這種讓人煩惱的小疏失，說我們出現了「高齡瞬間」（Senior Moment）[16]。但明明這是任何年齡都可能發生的事，為什麼要說是「高齡瞬間」呢？。

這個用語首次出現在印刷品上，是在一九九七年《羅徹斯特民主紀事報》（*Rochester Democrat & Chronicle*）[17]的一篇文章中，專欄作家在文裡引用一名度假中的年長銀行家的話，對方提到他網球比賽打到一半時忘記了比數。之後，這個表達方式就影響了詞彙表，先是流傳在美國，接著擴展範圍到更廣。我在其他國家演講的時候，有時會問說誰聽過這個詞語，而場上幾乎每一個人都立刻舉手。

事實上，這些「瞬間」和「高齡」、「年老」並沒有明確關係。短暫的記憶疏失時時存在，大約一百五十年前，「美國心理學之父」威廉．詹姆斯（William

James）[18]就描述這種現象是大腦的一個缺口，出現在「極其活躍的大腦，事物之名的幽靈就在那裡，召喚我們往特定的方向前進，我們時時感覺就要接近，卻始終看不到渴望多時的用語，使我們重重受挫。」顯然，老年人不是唯一會遇上偶然健忘時刻的人，而這也正讓「高齡瞬間」這無害甚至看似可愛的用語，變成年齡歧視潛在機制和影響的一個完美縮影：它以偽科學的合法性遮蓋了一個複雜和可塑性的過程（記憶），藉此將一種廣泛焦慮打包成施加在特定年齡以上的貶低觀念。

關於記憶的真相是：隨著年齡增長，人類大腦功能會有極大的變化。愈來愈多的研究顯示，神經可塑性實際上在整個老化過程都持續存在。神經可塑性是大腦保持靈活和萌發新的神經連結的能力，長期以來一直被視為是年輕大腦的標誌。這暗示，大腦必定會隨著我們年紀的增長而衰退，但這個廣為接受的刻板印象其實是錯誤的。

如同我們即將探討的，某些形式的記憶在晚年時期會提升，其中包括「語意記憶」（semantic memory），這是常識的記憶，像是蘋果的可能顏色；而有些記憶會保持不變，包括「程序記憶」（procedural memory），這是執行日常行為的記憶，像是騎單車；還有一些記憶會下降，包括「情節記憶」（episodic memory），這是記憶發生在特定時間和地點的具體經驗，像是在昨晚暴風雨中看到閃電劃過自家上方天空。情節記憶被認為是所有老年人都會衰退的記憶形式，但經過介入性處置之後，年長族群的這類記憶往往會有所改善。好吧，你可能還是會問，如果**某些**人**某些**時候的**某種**形式的記憶會下降，那麼「高齡瞬間」的用語不是仍然正確嗎？事實上，記憶疏失可能發生在任何年齡，我們的大腦在晚年形成新的連結，可以彌補這些偶爾的損失。

簡單來說，造成某種記憶下降未必是因為老化本身，而是我們看待和思考老化的方式——文化告訴我們的方法，以及我們告訴自己如何變老的方式。

中國人和老年聾人的記憶成就

在職業生涯早期，我尋思著，如果真有的話，文化和年齡信念到底在晚年記憶模式中扮演了什麼角色。如同「高齡瞬間」這個用語如此普及所透露的，記憶力衰退是北美和歐洲最廣為流行的老年刻板印象之一。在我從日本回來後所進行的前幾項研究中，我調查了這樣的刻板印象是否會影響記憶表現。我選擇了具有不同年齡信念的三種不同文化：美國聾人、健聽的[19]美國人和中國大陸的人。

為什麼是這三種特定文化？選擇中國文化是因為其兩千年的儒家價值觀強調孝道及敬老，這在中國當代生活留下重大印記。現今，由老一輩成員當家的多代同堂家庭已是常態而非特例，老年人也經常自豪地談論他們的高齡。

再來是美國聾人群體，我是在唸研究所時，從人類學家蓋蘭・貝克（Gaylene Becker）的著作中首次得知該群體的正向年齡信念，而開始仰慕他們的文化。在聾人群體中，老年時期通常是一個極為社交、充滿活力和互相依存的人生階段。這是聾人群體世代承傳方式的結果，超過九成的聾人出生在父母聽力正常的家庭，所以當年輕的聾人遇到聾人長者，經常心生仰慕，與這些跟他們具有共同身分的榜樣形成緊密連結。因此，正向的年齡刻板印象就在聾人群體中盛行，年長成員往往自我感覺良好，並且和同儕形成密切的網絡。貝克解釋說：「在田野調查過程中，我見到老年聾人互動中有個一再重複出現的模式，當他們處於一群聾人之間時，會變得健談、自信、開朗且輕鬆自在。」

為更深入了解聾人文化，我報名參加地方社區中心所提供的美國手語課程。授課老師是一名聾人長者，他的手語就像在編排優美的舞蹈。一天下課後，我鼓起勇氣上前詢問能否跟他談論一下他本身對老化的看法。結束談話後，他同意幫助我從跨世代的波士頓聾人俱樂部，招募聾人參與者。

我也從波士頓一家長者中心和一個青年組織，招募健聽的美國年老和年輕參與者；同時從北京一家鉛筆工廠，招募健聽的中國年老和年輕參與者，這家工廠的員工主要是年輕人，但退休的年老員工仍會每個月回來領取退休金支票。

藉由觀察來自這三種文化的參與者，讓我在不管發現什麼重大模式時，得以排除語言等等替代解釋。如果只比較美國健聽和聾人參與者，可能會是聾人參與者經過多年的手語而發展出記憶優勢。如果只比較中國健聽和美國健聽的參與者，可能會是中國人具有較好的記憶優勢，因為他們接受的是依賴象形文字而不是字母的語言。但是同時加入美國聾人和中國參與者，我們就可以著重在一個雙方文化都具有的獨特因素：普遍的正向年齡信念。

我設計這項研究是為了測試「情節記憶」，這是認知專家往往聲稱會隨著老化而下降的記憶類型。這種記憶是運用在從特定的視覺空間背景中記憶人或物，例如在開車進國家公園時，注意到禁獵標誌的角落有一個彈孔。

為了衡量參與者對老化的態度，我從各位在上一章可能嘗試過的相同老化印象練習著手，要求他們回答想到老年人時，腦海所浮現的前五個詞語。然後，參與者進行「老化迷思」測驗，這個測驗由二十五個正確或錯誤的陳述所組成，像是「憂鬱症更常發生在老年人之中，而不是年輕人」以及「老年人學習新事物通常要花比較久的時間」。這些答案讓我可以評估參與者對於老化的偏見（順帶一提，前面兩個陳述都是錯誤的）。

我在這項研究中，遇上了一些文化挑戰。例如，一旦翻譯成英文後，我並不清楚中國參與者對老化印象的某些回應是正向還是負面的，因為其中提及的事物很多具有文化獨特性。其中包括「能夠組織群眾」和「對社會貢獻餘熱」，幸好我的助手是在中國長大，能夠以正向或負面來評估回應（結果發現，以上兩個回應都相當正向）。

儘管我們不是在測試記憶的新藥，但結果卻一樣改變了心智。在年長的參與者中，美國健聽組表達出最負面的年齡信念，在全部四種記憶任務中也表現較差。中國長者是年齡信念最正向的組別，在各方面都表現最好。我很驚訝地發現，在中國組別中，年長參與者的表現和年輕參與者一樣好，換句話說，如果身為年長的中國人，可以期望自己的記憶力基本上和孫子一樣好。年長美國聾人參與者的年齡信念比其健聽對應者來得正向，記憶表現也比這些年長的健聽美國人更好。而相對於年長參與者，這三種文化群體的年輕參與者表現都很相似，這很合理，因為他們的年齡信念尚未產生自我關聯，所以不會影響他們。

我們發現到文化信念和年長參與者的記憶得分有極強烈的關聯，其中一個原因是，中國大陸和美國聾人文化的年長成員在其成長的時代中，很少接觸到充斥負面年齡信念的美國主流媒體：美國聾人是因為當時他們還沒有設置「隱藏字幕」[20]的電視，中國大陸長者則是因為地緣和政治關係與美國隔絕，況且，在這兩種參與者的成長過程中，具有跨越國界散播年齡歧視能力的社群媒體也尚未發明。而在這包括健聽美國人在內的三個群體中，愈正向的年齡信念，也預示著愈高的記憶得分。

我們從研究中得知，關於老化的文化信念極為強大，足以劫持晚年的記憶表現。

建造一座記憶大教堂

為深入了解年齡信念在我們保持記憶鮮明中所扮演的角色，我拜訪了八十四歲的退休劇場演員約翰·貝辛格（John Basinger），他住在距離我半小時路程的康乃狄克州大學城密德鎮。他的妻子珍寧（Jeanine）在衛斯理安大學教授電影研究長達六十年，她基本上發明了這門學科，也成為校園和好萊塢的標誌性人物。雖然約翰的工作和留給世人的遺產略有不同，但他的壯舉對密德鎮的影響同樣巨大。

回到一九九二年，當時約翰即將邁入六十大關，他自我挑戰背下約翰·米爾頓（John Milton）[21]的《失樂園》（*Paradise Lost*），這是一首宏大的十八世紀抒情詩，描寫亞當和夏娃受撒旦誘惑，隨後被逐出伊甸園的故事。約翰慢慢開始，在校園健身房運動時，一次熟記七行詩句。他並不認為自己可以背完全詩，但每當他開始做一件事，不管要花多少時間，他通常都會完成它。八年後，在約翰接近人生第七個十年的尾聲，而新的千禧年即將到來時，他把這首如史詩般宏大的六萬字詩作，銘記在腦海裡。它相當於《蒼蠅王》（*Lord of the Flies*）[22]整本小說的篇幅！他在持續了三天的非凡詩歌會上，背誦了這首詩。

二十年後，他說自己仍記得全首詩。我們對談的那天早上，他背誦全詩十二篇章中的一個完整篇章為大腦熱身。但約翰不是只會一招的小馬，近年來，他背誦了《李爾王》（*King Lear*），這是描寫一名年長君主的莎士比亞劇作，約翰把它變成了獨角戲。不久前，他還背誦了英國詩人丁尼生（Lord Alfred Tennyson）[23]的熱鬧詩作〈輕騎兵的進擊〉（The Charge of the Light Brigade），隨後把它設定成搖滾樂和熱鬧樂隊一起演出。

在我們的對談中，約翰堅稱他的記憶力沒有超出平均水準。他告訴我，他的妻子和女兒擁有「天生的優秀記憶力」，而他是一個沒有待辦清單就束手無策，而且經常忘東忘西的人，像他就忘了手帳放在哪裡。臨床上來說，約翰絕對正確：他的記憶力並未高於平均。衛斯理大學心理學家約翰．席曼（John Seamon）指出，貝辛格的日常事務的記憶力完全是正常水準。席曼對貝辛格的成就十分著迷，進行了一連串測試以了解這是如何辦到的，而席曼的結論是：「出色的默記能人是後天培養，而不是天生的。」

約翰．貝辛格是一個活生生的例子，證明完全一般的記憶力加上如肌肉般運作的意願，以及正確的年齡信念，就會產生驚人的結果。約翰告訴我，他腦海中時常浮現的形象是帕烏・卡薩爾斯（Pablo Casals）[24]，這位偉大的西班牙大提琴家在九十多歲時仍有出色演出。卡薩爾斯在接近人生終點時，散步和走動都有困難，但一旦坐下來拉琴，約翰說，卡薩爾斯就變得如年輕時一樣的流暢和優雅。

我很好奇約翰究竟是如何背下如小說篇幅般的詩歌，便請教他用來達成這一壯舉的技巧。結果發現，他幾乎是偶然中培養出他的默記策略。他告訴我，這來自於他的成長過程，曾在聾人劇院工作過的經驗。

聽到這句話時，我坐直了身子。「但你不是聾人，對吧？」我說道，思忖自己是否疏忽了他身分的明顯特徵，忽略了他和聾人文化及其正向年齡信念這樣引人入勝的連結。

約翰笑著搖搖頭，但他開始用手語告訴我他的故事。年輕的時候，他迫切想要在劇院工作，而第一個工作機會是在一九六〇年代，到康乃狄克州沃特福德的國家聾人劇院從事音效設計。這家劇院由大衛・海斯（David Hays）創立，他是一個成功的布景設計師，曾和電影導演伊力・卡山（Elia Kazan）[25]及美國芭蕾舞大師喬治・巴蘭奇（George Balanchine）[26]合作。這個劇院新團隊將開創一種新穎的表演方式，讓聾人和健聽演員同時採用手語、默劇和口語呈現臺詞，激發所有感官，為聾人和健聽觀眾打造一種激進的全新劇場表演。這樣的表演振奮人心，約翰和這個團體一起巡迴演出三年，最後從音效工作轉向演員，並且教授戲劇和美國手語。

當約翰對我講述他職業生涯的開端時，他繼續以手語說明國家聾人劇院的表演是如何運作，並解釋他對於這種默記過程的發現。在聾人劇院工作時，約翰注意到當他增加手勢使口述劇本更具視覺性時，就比較容易記住臺詞。數十年後，當開始背誦《失樂園》時，他重拾這個想法，「在過程中添加自然手勢」來讓文稿具體化。他說明，這種做法使他得以「同時占據這首詩的情感和物理空間」。

約翰在聾人劇院工作的時期，接觸到了聾人文化，這顯然對他造成了影響。各位應該記得我在對聾人文化的研究中發現，年輕成員經常把年長成員視為榜樣與領袖。約翰接觸到這種文化，強化了他正向的年齡信念，同時還教會了他其他許多事。他原本對手語一無所知，幾年後卻可以**教授**手語。約翰最後離開劇團，用更多時間來陪伴家人，而不是連續幾個月在全國各地巡迴演出。但是，和聾人相處的經驗伴隨了他一生。他似乎顯示，自己的關鍵指引是來自聾人，聾人文化曾一度成為他自己的文化，而在數十年後，他仍仰賴它來成功達成驚人的記憶壯舉。

約翰談論他的生活時，經常引用電影、書籍和詩歌的內容，我很難為情地發現其中許多是我從未看過或讀過的，但我後來還是找到了這些作品。其中一些作品為他提供了更多的正向老化形象。他說年輕時很喜愛的一本小說是英國作家塞繆爾・巴特勒（Samuel Butler）[27]所寫的維多利亞時代小說《眾生之路》（*The Way of All Flesh*），書中控訴了當時的偽善價值體系。他指出他最喜歡的兩個角色是慈愛的艾莉西亞（Alethea）阿姨和小說旁白者奧弗頓（Overton），他說兩位年長人物非常符合男性或女性年老智者的神話原型，即提供關鍵指引的人。

我們經常認定記憶是固定且有限的神經資源，但約翰的人生提醒我們，並非如此。除了像阿茲海默症等神經細胞退化病例，記憶並不是一個人有或沒有的東西，而且即使是阿茲海默症，如同我們將會看到的，記憶受損也不見得已成定局。記憶有可塑性，而且可以增強，事實上，約翰非凡地運用了「情節記憶」，這也是大多數文獻所認為的，應該會在晚年衰退的記憶類型。

在實驗室中改變年齡信念以提升記憶力

經過對美國聾人和中國參與者的跨文化研究後，我猜想文化信念在記憶健康中扮演了關鍵角色，但知道自己需要在更為控制的環境中研究年齡信念，才能證明它們的影響力有多大。所以我嘗試提出一種實驗性方法，以重現我認為可能發生在這三種不同文化的情況。

在前導測試過啟動「老年人的年齡刻板印象」的技術後，我決定嘗試內隱促發（implicit priming）的做法，這是一種透過潛意識（subliminally）來啟動白人大學生對黑人抱持的刻板印象，用以檢視種族歧視的技術。我想要嘗試一些不同的做法，看看是否能啟動自我刻板印象，或是對於自己所在群體的刻板印象。我想要對年長參與者測試這種做法，儘管系上一名神經科學家告訴我，因為長者的運算處理速度較慢，這很可能失敗。我非常高興這個技術證實有效，即使其中一名參與者是第一次使用電腦的九十二歲男性。

無意識（unconscious）促發如此有效的原因是，它可以繞過我們用來保護現有正向或負面年齡信念的心理策略。例如，我們可以在所謂的「確認偏誤」

（confirmation bias）中看到這一點，這種偏見讓我們比較重視能夠證實我們想法的證據，輕視可能反駁它的證據。

我的團隊招募了一群年長參與者，把他們帶到哈佛心理系的實驗室。安排他們坐在電腦螢幕前之後，我們要他們專注在螢幕上的靶心，而詞語會在靶心上方或下方閃現，閃現速度會快到讓參與者經歷所謂的「無意識感知」，但又慢到讓單詞足以被感知和吸收。參與者認為的模糊閃現，事實上是和正向或負面年老刻板印象相關的詞語，像是「智慧」、「警覺」和「博學」，或是相反的「阿茲海默症」、「老態龍鍾」和「糊塗」。

在這些促發活動的前後，參與者進行了我在三個文化群體研究中所使用的記憶任務，例如端詳方格紙上的圓點模式，然後在新的空白網格紙上以黃色圓點複製它們。我想要了解促發技術是否能用來微調參與者的老化觀念，以及是否會損害或改善我們認為會在晚年衰退的記憶類型。

結果如何？參與者只被促發十分鐘的正向年齡刻板印象，記憶表現就得到改善，而十分鐘的負面年齡促發就見到類似的衰退。我們發現，參與者都呈現了相同的結果模式，不管他們是男是女、是六十歲或九十歲、高中輟學生或醫學院畢業生、住在鄉間或是城市、第一次坐在電腦螢幕前，或是熟練的程式設計師。從此之後，許多研究人員也跟著複製我們這種「年齡信念—記憶表現」的發現，甚至是在和我們美國實驗室相距超過一萬公里的遙遠韓國。遍及五大洲的眾多研究證實了我們這種結果模式的普遍性。

細想其中的含意：雖然老化是生理過程，它也是一種深刻的社會和心理學過程。個人的老化觀點以及老化對記憶有何衝擊的看法，都會實際影響個人的記憶健康和表現，而這些觀點可以沿著負面或正向路線進行調整。

這就是為什麼像約翰．貝辛格這樣記憶力原本「正常」的人，可以訓練自己背下如小說篇幅的詩作。我問約翰，是什麼激勵他投入這麼多年時光，致力在記憶中建造如此浩瀚宏偉的事物？他說：這是基於希臘人的理想，強壯的身體內藏著堅強的心智，以及相信高齡是層層知識和實踐產生偉大回報的時期。《失樂園》這首詩現在就像「我在腦海中攜帶的一座大教堂」，他告訴我，他經常感覺自己有點像帕烏．卡薩爾斯，這位大提琴家直到九十多歲都還在演奏動聽的巴哈組曲。對約翰也是如此，音樂流瀉，而大教堂就矗立在他大腦的輝煌皺褶之中。

回到未來：跨越人生的記憶力

顯然，提到記憶力時，文化很重要。不過，我們的研究只進行了一天，我很好奇年齡信念是否會影響跨越整個人生的記憶力。為了仔細探討這一點，我必須找到確認人們數十年前年齡信念的方法，並追蹤他們隨著時間前進的記憶。一天早上，我向家人提起這項挑戰，女兒建議我用她最愛的電影《回到未來》（*Back to the Future*）[28]裡的時光機，回到過去找到人們的年齡信念，然後返回四十年後的現在，衡量他們的記憶。

我的友人羅伯特．巴特勒（Robert Butler）[29]提出一種有點類似但更可行的解決方案，身為國家老年研究所（National Institute on Aging）的創辦人，他協助發起「巴爾的摩老化縱向研究」（Baltimore Longitudinal Study of Aging，BLSA），這是世界上持續最久的老化研究，始於一九五八年，現在仍在運作當中。每隔兩年，BLSA的參與者都會完成大量測試和問卷，協助科學家研究他們所想得到關於老化的幾乎一切層面。在其中一個衡量中，訪談者出示十張幾何圖形的卡片，每一張停留十秒鐘後移開，然後要參與者憑記憶畫出卡片圖形。

羅伯特說，其中有一份ＢＬＳＡ原始研究人員所納入的老化觀點問卷，他認為是從來沒有人進行研究過的。

為了確認羅伯特的說法是否正確，我打電話給國家老年研究所的科學主任路易吉・費魯奇博士（Luigi Ferrucci，他後來也成為重要的合作夥伴），向他介紹我的想法，我希望將年齡信念和隨時間變化的記憶力進行連結，詢問他是否知道我要怎麼找出ＢＬＳＡ參與者是否回應過關於年齡信念的衡量。他說，的確可能有一名早期研究人員納入這樣的衡量，但他不確定，因為他認為沒有人曾經基於這項資料發表過研究。他寄給我一份厚如大都市電話簿的手冊讓我檢視。我很高興在參與者的第一輪調查中，找到了年齡信念的衡量。它並未標示名稱，但經過更多的搜索，我發現它被稱為「對長者的態度量表」。

現在，就像米高・福克斯（Michael J. Fox）[30]在《回到未來》所扮演的角色一樣，我可以回到過去，檢視ＢＬＳＡ參與者如何描述他們在這項研究剛開始時的老化觀點，那是在他們邁入老年的數十年前——許多人當時才剛成年，而現在，他們全都過了六十歲。我以他們在研究剛開始時的年齡信念，比對他們隨後三十八年間的記憶得分，發現到一開始就持有正向年齡信念的人，老年時的記憶得分比抱持負面年齡信念的對應者高出30%。參與者的正向年齡信念對於記憶所產生的有益影響，甚至超越年齡、身體健康及受教育的年數等其他因素對於記憶的影響。

現在，我已研究過三種不同文化中的老化和記憶力關係，並檢視過實驗室中的年齡信念及隨時間變化的數據，我找到證據，顯示老化並不是影響記憶的唯一因素，年齡信念以驚人的程度影響我們的記憶力。

年齡的餽贈：誰應該判讀X光片？

根據神經科學家丹尼爾．列維廷（Daniel Levitin）的說法，某些類型的記憶實際上會隨年齡而進步。例如，年過六十的人更擅長模式識別（pattern recognition）。如同他所說：「如果要照X光，你會想要七十歲的放射科醫師來判讀，而不是三十歲的放射科醫師。」

隨著年齡增長，我們的大腦仍在繼續產生新的連結。麻州布蘭戴斯大學的神經科學家安琪拉．葛崔斯（Angela Gutchess）發現，老化的大腦在其許多區域的利用中比較不會有特化現象[31]，這可能是件好事。她簡練的磁振造影[32]腦部研究顯示，在記憶詩歌或其他言語資料時，年輕人利用左前額葉皮質區；長者則通常不只使用這個區域，還會加上右前額葉皮質，這個部位一般是用來儲存和處理像地圖這樣的空間資料。偏向同時依賴兩邊大腦半球，是適應性和靈活性的一種標記。

約翰．貝辛格令人難以置信的記憶壯舉，不論是在什麼年齡都會讓人深感驕傲，請記住，他能夠實現這項成就，部分是利用手勢來讓文字更有空間感——以及將老年視為累積技能和經驗的時期。年齡信念並不是存在於真空中，而是占據了我們心智的寶座，也是我們身體的控制中心。它是我們如何為老化編碼的重要部分，影響了我們作為一種文化和個人，如何設計、建構和體驗老年。這就是為什麼它的影響會擴散到如此重要的方面，不只改變了我們的記憶狀況，也會影響我們的行為方式，包括我們是否把知識傳遞給他人。

記憶傳遞：在紅杉林中採蘑菇

派屈克．漢米爾頓（Patrick Hamilton）住北加州鬱鬱蔥蔥的涼爽森林中，過去三十年裡，他一直在這裡採集、烹調、銷售和研究蘑菇，並且教授相關知識。這位體格結實、聲音柔和、笑容親切的七十三歲灰髮長者，已成為蘑菇採集的首要權威。他的名字出現在許多專門介紹蘑菇採集的指南和網站上，在蘑菇採集的傳奇著作《雨的所有應許》（*All That the Rain Promises and More*）的封底圖片，就是他自豪展示兩顆大如保齡球的牛肝菌。

不過，我找尋派屈克不是為了請他指點，告知在我康乃狄克家中後院的哪裡可以找到雞油菌菇，而是想要得知年老蘑菇獵人的記憶秘密。派屈克可以辨識數千種蘑菇，考慮到許多蘑菇的特徵會不斷演化，這一點尤其令人欽佩。大部分蘑菇的生長都極為快速，並隨著菌齡改變形狀和顏色。

我有私人理由想要更加了解蘑菇採集。我小時候在溫哥華的期間，和我們家隔著幾戶人家的地方，住著一位華裔老太太，她和成年兒子一家人住在一起。每年春天，他們會提著籃子在週末早晨進入森林，當他們下午回來時，如果我在院子，這興高采烈的一家人就會邀請我過去，展示出一堆堆顏色奇妙的蘑菇。這都是梁奶奶採到的蘑菇，她似乎有一種神奇的感知，總是知道要去哪裡找到讓她兒子一家人讚嘆不已的蘑菇。

派屈克對蘑菇的龐大記憶要歸功於正向的年齡信念，就像約翰・貝辛格一樣，他證明正向信念可以促進情節記憶，這是對事件和物體的詳細記憶，許多科學家錯誤地認為這類型的記憶必定會隨著年齡而衰退。派屈克向我解釋說，他觀察到，「隨著年齡增長，我也跟著獲得智慧。」

派屈克從小和祖父母在他們散發甜味的柳橙園遊玩時，就愛上了戶外活動，這座位於洛杉磯附近的果園是他的祖父母從愛爾蘭移民過來後所購置的。在四十三歲時，當他搬到俄羅斯河（Russian River）[33]邊的房子後，他「栽進了蘑菇」，這條河流蜿蜒穿過加州的門多西諾（Mendocino）和索馬諾（Sonoma）郡，河口紅杉林立，最後流入太平洋。當時，派屈克只認得出兩種食用菇——珊瑚菇和雞油菌菇。他和妻子會帶著籃子和刀子一起走進森林，然後帶著晚餐回家。從此以後，他就在北加州各地居住，從海岸的雷耶斯角（Point Reyes）到內華達山脈的潮濕紅杉林間，他擔任廚師、教師、舊金山精緻餐廳的供應商，同時是一家地方報紙的採食專欄作家。

當我問他想到老年時腦海浮現什麼樣的畫面，他在說出答案前先說自己不會想像城市老年人的畫面，而是在戶外、在森林裡。然後，他提出了兩個形象：一個是七十多歲的迷人女性，她留著長長的灰髮，愉快享受長途健行的樂趣；另一個是騎著登山車的老年人，哐啷哐啷快活地穿行高聳樹林間的狹窄小徑。

派屈克憑藉這些長者形象，在自己的生活中享受並沉浸在大自然之中。七十三歲的他比大多數參加他森林課程的學員都要年長，卻也比大多數人都要行動敏捷。最近，他和採食夥伴一起去登山，結果遇上了大雪。這位夥伴同樣是蘑菇熱愛者，已七十九歲，兩人必須徒步十一公里，穿過沒有手機訊號的內華達山脈。他告訴我，他們不能停下腳步，否則會有凍傷的危險。兩人完好無缺回到了家，儘管體驗到皮膚刺痛的挑戰，派屈克卻讓這段經歷聽起來像是一場冒險，而且如果有機會，他很樂意再去挑戰一次。

蘑菇採集也以重要的方式強化了正向的年齡信念，因為長者通常具有更多這方面的專業知識，在這經常是跨世代的活動中，他們受到年輕採集者的尊敬。因為許多蘑菇都是有毒的，這也是一個可以由累積的知識——以及持有知識的人——來決定生死的活動。

派屈克解釋說：「在尋找蘑菇方面，我的年齡實際上對我有幫助。」他辨識數千種蘑菇的能力是基於他多年來在森林或沙漠採集的經驗，以及花費大量時間閱讀科學文獻。「學習辨識不同種類的蘑菇不只是記住名字和形象，還要記住有毒或可食，而因為在生命的不同階段、在不同氣候下，同種類的蘑菇也會長得不一樣，它也涉及理解並學習在更廣泛環境中的細微互動和相互依存關係。我觀察土壤、樹木、植物、地質跟整體狀況。」他似乎也將這種信念應用在人們及生活方式上：沒有事物能自外於其他事物而獨立存在，某種循環依賴某種循環，生物永遠不會停止生長。

派屈克的學生往往是成對的伴侶，或是帶著孩子的父母，有時候會有祖父母加入他的森林之旅。當整個家族都到場時，會有一種特別的感覺。「每個人在森林裡都是屬於同一層面，不會想到任何人的年齡。」他時常會找一個空心的巨大紅杉樹椿，供學員拍全家福照片留念。

他告訴我，他最近和一個俄羅斯家庭外出採獵時，注意到他們的祖母在瘋狂採集鮮紅的俄羅斯蘑菇。她甚至指揮孫子一起摘，但派屈克很擔心，跑過去告訴她這是俄羅斯紅菇（Russula cremoricolor），也被稱為「催吐劑」。她大笑地告訴他，這種菇類醃漬過就可食用（但不建議沒有經驗的人這樣做）。後來發現，俄羅斯也俄羅斯也有和北加州森林這種蘑菇相似的蘑菇，而且俄羅斯人可能是無畏的廚師。交流過後，這位女士的孫子對著祖母露出燦爛的笑容。派屈克向這位奶奶表達祝福，她和孫子返回森林地面繼續採摘。

長者歌線是文化存續的途徑

派屈克身為知識守護者的角色，讓我想起美國人類學家瑪格麗特・米德（Margaret Mead）[34]對於世界各地原住民中的長者角色研究。她觀察到，他們通常是不可或缺的，因為這些長者擁有文化知識的大量記憶，會與年輕世代分享這些知識。這種記憶守護者的身分也進而協助鞏固他們的社會地位：「他們這種孜孜不倦的勤奮代表著身體及文化的生存，這樣的文化要能永久存續，就需要老人，以便能夠在饑荒時帶領族群找到很少去尋找的避難處，並且提供完整的生活模式。」

米德以澳洲原住民文化為例，這個文化在極其嚴酷的地貌中繁榮了數千年。這些原住民之所以能夠存續到現在，是因為傳統將他們與當地生態結合在一起。長者透過歌線（Songline）[35]保存並傳遞不可或缺的密切知識，這是一種文化和資訊傳播的工具，提供了地球族群中最古老且持續不斷的口述歷史歌曲庫。這些歌曲作為文化和精神的「文本」，以及口語百科全書，其中包括澳洲各地數千種動植物的資訊，以及數百公里土地的仔細地圖。

米德寫道：「所有文化的連續性都仰賴至少三個世代的存在。」這個觀察適用於教導歌線、協助子代和孫代找到避難所及食物的長者，也適用於派屈克，他和所有年齡層的蘑菇採集者分享烹調蘑菇方法，以及分辨哪些蘑菇有毒，這是一種經常能夠挽救生命的知識。

這些長者因為對年輕世代傳遞資訊而受到重視的例子，才是真正的「高齡瞬間」，而在這裡，「高齡」代表著記憶。

第三章　年老與速度

在美國西北部一個綠意盎然的山坡角落，住著一個開朗的修女，她成了斯坡坎谷當地小有名氣的人士。因為麥唐娜．巴德修女（Sister Madonna Buder）從一九八二年開始，已完成超過三百五十次鐵人三項，贏得「鐵人修女」的稱號。她第一次跑步時年近五十，穿著跟朋友借來的運動鞋。現在，她九十一歲，剛完成另一次鐵人三項。她的訓練方式直截了當，異於傳統。麥唐娜修女沒有時髦的健身房或奧運等級的教練，而是跑步或騎單車到雜貨店，在當地基督教青年會（YMCA）的游泳池游泳，在冬天穿雪鞋到處走動。儘管體能超群，麥唐娜修女看起來並不張揚，身材瘦削，一雙明亮的藍眸，以及自己修剪的短髮。

我們談論老化的時候，我詢問她想到「老人」時首先出現在腦海的五個詞語。她回答：「智慧與優雅。」接著思考了一下：「還有跑步，以及機會。」我指出這樣只有四個，她大笑，然後加上：「美酒。」

麥唐娜修女從年老聯想到智慧和機會，她認為這要歸功於她的祖母。回想在聖路易斯（Saint Louis）[36]時，當她還是小女孩，思索著人生的浩瀚無窮，好奇長大後要做什麼時，她的祖母告訴她：「過去已經逝去，而未來一旦來到此時就不再是未來，所以妳唯一要負責的只有當下。」八十年後，她對老化的看法是這樣：「害怕老去是沒有道理的，因為你從未有過這樣的經驗，所以也永遠不知道未來會發生什麼。」

她的父親是一名冠軍划槳手，直到七十多歲都還在划船和打手球。她記得自己曾經為父親能在她當時眼中的高齡，還如此強健而感到驕傲。等到自己也步入七十大關後，她參加了夏威夷大島的鐵人三項世界錦標賽。在騎自行車橫越大島，並在外海游了近四公里後，她開始進行馬拉松項目，也想起了她的父親。那天是滿月，路上滿是鑲著銀邊的影子，她記得感覺到他的存在，彷彿他就在身旁陪她一起跑著。

功能性健康的發現

見到麥唐娜修女時，我十分驚嘆她能夠如此輕易打破虛弱和衰退的老年刻板印象，這兩點經常被視為是老化的自然軌跡。我也想知道她正向的年齡信念是否能夠推動她的體能成就，為了查明年齡信念是否會影響功能性健康，也就是我們的身體基於步態、平衡、耐力和速度等方面的運動能力，我構思了一項研究。我檢視一項現有調查，詢問年齡五十歲以上的參與者有怎樣的年齡信念，例如，他們是否認同這樣的陳述：「年紀愈大，就愈沒用。」他們的回答會打上給予顯示負面或正向年齡信念的分數，在隨後二十年間，這些參與者每隔幾年就會接受一次功能性健康的測試。

我發現，相較於抱持負面年齡信念的同齡參與者，具有正向年齡信念的參與者在這十八年間表現出更好的功能性健康。這是第一次有人證明年齡信念——而不是「老化」——是影響晚年身體表現的主要因素。

但我仍然必須確認，這項因果關係不是相反的，也就是：並不是較好的功能性健康帶來正向的年齡信念。我和統計學家好友馬提・史萊德（Marty Slade）談論過這個問題，馬提在成為統計學家之前，曾經是航空工程師，他在分析中使用了測試飛機引擎時同樣的邏輯和才智。我們首先檢視是否存在著相反的關聯性，也就是說，參與者參加調查研究時的功能性健康是否預示著日後的年齡信念，結果證實沒有。然後，我們查看所有參加研究時獲得相同功能性健康得分的參與者，並重複同樣的分析。我們發現，年齡信念預示了功能性健康，反之不然。最近，包括澳洲在內的其他國家相關研究也發現了同樣的結果。

身體素質的滾雪球效應

為了確定年齡信念是產生更好身體機能的原因，我的團隊邀請年長參與者來到我們的實驗室。我們隨機分配參與者到正向或負面年齡信念的小組，然後如同先前的記憶實驗一樣，以潛意識促發他們正向或負面的年齡信念。只促發十分鐘正向年齡信念的參與者立刻就展現較快的步行速度及較好的平衡感，方法是透過他們的腳在每一個步伐中的離地時間而衡量出來（他們的鞋子裡放置著可以記錄壓力的特殊鞋墊，以進行精準測量）。接觸到正向年齡信念的人，步行表現**更好**。

由於我的目標一直是利用正向的年齡信念，促使社區長者增進健康，所以下一步就是了解是否可以把同樣的改善帶到實驗室外面，擴展到不同的老人住宅社區。此外，在我們實驗室的研究中，雖然我們發現促發作用立刻影響了參與者的步態，效果卻在一小時之後開始消失。我接著進行另一項研究，讓年長參與者在一個月間，每隔一星期進行一次促發，希望可以帶來更持久的進步。新的研究更加接近年齡刻板印象在真實世界的運作方式，也就是我們會長期時時接觸到刻板印象。

我們的參與者中有一位名叫芭芭拉（Barbara）的八十三歲女性，她在居住社區的交誼室看到這項研究的宣傳單。研究的要求包括回答幾項問卷調查，進行一些電腦遊戲，以及做一些身體運動。好吧，她心想，為什麼不呢？這是一種新嘗試。

在為期一個月的每週活動中，芭芭拉和我們的研究護理師碰面，她坐在電腦螢幕前，進行一些簡單的速度反應遊戲，然後再從事其他活動，像是連續在椅子上坐下及起身五次，走過房間再走回來，一隻腳放在另一隻腳後面站立十秒鐘。

剛開始，芭芭拉遇到了困難。從椅子上連續起身五次時，她感覺就快要摔倒，可能需要抓住身邊研究護理師的手。而像走鋼索那樣，一隻腳放在另一隻腳後面保持平衡十秒鐘，也不像聽起來的那樣容易。

然而，到了第三週，有趣的事情發生了。芭芭拉更有信心地在椅子坐下和起身，她也表示，一隻腳擺在另一隻腳後面保持平衡，不再讓她自覺像是比薩斜塔。還有其他改變，儘管細微，但顯而易見。她說，早晨下床似乎比較容易，也比較容易爬上她常去借DVD的公共圖書館臺階。變化不止如此——芭芭拉整體感覺更好，更有掌控力。

她也為自己感到驚訝，例如，她打電話給多年未聯絡的表親；看到所在的老人住宅社區即將舉辦假日聚會，她一時感到興趣，也報名加入籌辦娛樂活動的行列；她還參加所住棟別的劇本寫作小組，會在附近劇院演出短篇作品。

如果你猜想芭芭拉的平衡能力和心態得以改善，可能與我們加強她正向年齡信念的介入做法有關，那麼你就對了。透過潛意識提示她「靈活」、「健康」等詞語，我們啟動了她植於深處的老年正向觀點，並且把這些觀點移到個人信念體系的最前方。長久以來，她的信念體系一直被從社會吸收而來的老化負面形象所主宰，啟動正向觀點改善了芭芭拉對自己身為老人的看法和身體機能。

當然，芭芭拉不會一夜之間就長出翅膀，但是經過一個月的促發效應後，她所得到的體能改善類似於同齡人一星期運動四次時，通常要經過六個月才能得到的效果。而且她絕對不是特例，一個月過後，相較於暴露在隨機詞語的年長參與者中性對照組，暴露在正向年齡信念的年長參與者步行速度明顯變快，並擁有更好的平衡能力。

出乎意料地，我的團隊發現了一個滾雪球效應。也就是說，就像滾下雪山不斷變大的雪球，正向年齡信念對於我們參與者身體機能的有益影響，在兩個月的研究期間穩定增長。其中產生了良性循環：正向促發加強了參與者對於老年人的正向信念，這加強了他們對於自己老化的正向信念，進而增強了他們身體機能，而這個狀況再進一步強化他們正向的年齡信念，又繼續更加增強他們的身體機能（見下方圖1）。

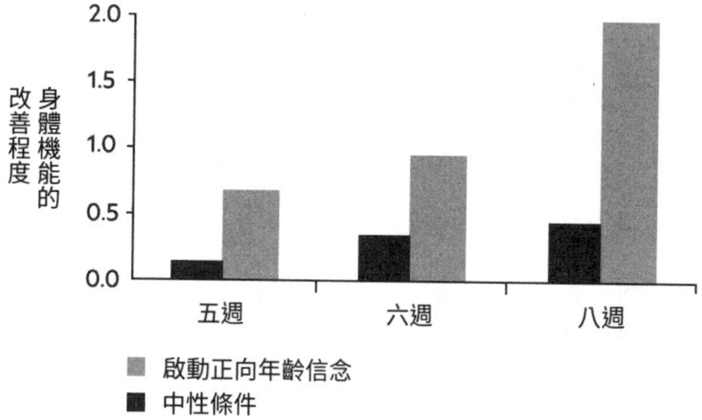

圖1：**正向年齡信念的啟動隨著時間改善長者的身體機能**。暴露在正向年齡信念的參與者比中性組，展現明顯較好的身體機能；在這兩個月的研究期間，正向年齡信念的有益影響逐漸增強。

在團體中領游

年齡信念存在於逐漸演變的連續範疇內，但在美國，大多數的人主要接觸到並表達的是負面年齡信念，而像麥唐娜修女等人似乎主要憑藉的是正向信念。不過，持有正向年齡信念並非指你必須卓越非凡，每個月都參加鐵人三項。有時候，這種信念只是能夠幫助你嘗試新事物。

以威賀明娜·德爾柯（Wilhelmina Delco）[37]為例，她是德州一個政治家，在十年前，當她八十歲時才第一次學習游泳，她也經常是游泳池裡年長的人。她笑說，附近的人都認得她是「在YMCA游泳的老太太」，但她的成就遠遠不僅於此。早在馬丁·路德·金恩（Martin Luther King, Jr.）[38]遇刺的三天後，她進入獨立學區理事會，成為奧斯汀（Austin）[39]第一位當選公職的黑人。之後，她在德州立法機構擔任州代表，付出四十年歲月，提供開創性的公民服務。

威賀明娜因為游泳對她的關節炎有好處而開始，而且在游十趟的過程中，「來來回回」的感覺很好。每當看到泳池跳板上跳下另一個七、八十歲的人，她就特別開心。她告訴我：「我感到驕傲的是我現在的年齡，而不是因為什麼奇怪的特例。」即使她在所屬的許多公民組織委員會中，她一直是唯一的黑人女性或老年人，甚至兩者兼是，但她並不把自己看成特例。「對我來說，不成為一個特例很重要。」她似乎把自己視為在團隊中引領的人，而不是遠遠領先他人的人。她沒有宣揚團結，而是透過自己的例子來引導這種精神。

這種向人們展現「如果她做得到，他們也做得到」的能力，部分來自她因應種族歧視的經驗。在人生大部分時間裡，她感覺到在許多工作和居住的地方都不受歡迎。儘管身為黑人、女性和老人，使她在多重層面成為偏見的目標，也可能造成壓力呈指數性增加，但這也提供了在身分之間轉移應對策略的機會。

威賀明娜應對種族歧視的能力幫助她應對年齡歧視，她的母親在人生最後二十年和威賀明娜的家人同住，她教導威賀明娜許多如何在種族歧視的環境中茁壯成長的經驗。如果有什麼事需要完成，她的母親就會說：「妳應該去做，偏見者該死，妳應該去試。」

威賀明娜也從她的母親以及婆婆身上學到老化的道理，她婆婆在晚年時也搬來和德爾柯一家人同住。一個家中有兩位祖母，對威廉明娜和她的孩子來說，是支持與愛的重大來源（「還有吹毛求疵。」她輕聲一笑），同時也影響了她對於年老的看法。兩人經常給予她和她的孩子各方面的建議，從烹飪、平衡支票帳戶收支，到面對挑戰，以及如何在家人和社區連結中找尋力量。現在，威賀明娜來到這兩位大家長當時在她人生中的年紀，而她堅持永不謊報年齡：「我太高興能活到這個歲數了。」

游向晚年的金牌

見過威賀明娜之後，我訪談了另一位在晚年發現到游泳樂趣的女性，只是當她一進入泳池，基本上就離不開了。幾乎每過一年，九十九歲的莫琳．康菲德（Maurine Kornfeld）就又打破了另一項世界紀錄。

這些紀錄從她九十歲開始，而此後她已創下二十七項紀錄。當她六十多歲在洛杉磯擔任社工的時候，她用來消暑的當地ＹＭＣＡ泳池關閉了，所以她改去最近的大游泳池。不過，這個泳池只有星期六上午可用，因為隸屬國家游泳俱樂部的一個師組（Masters）[40]游泳隊占用了其他上午時段。她打電話給游泳隊教練抱怨他壟斷泳池，他問了一些她聽不懂的問題，像是「妳游什麼式？」她大笑：「我根本不懂他在問什麼，但他說星期六上午過來，他會過來看看我，所以我就過去了。他說下水，游自由式。我下水，抬著頭游泳，因為我覺得這樣很合理呀。而他一直對我大吼，要我把頭埋進水中，這聽起來像是低俗的想法。他曾是海軍陸戰隊的中士，而且又一直對我吼叫，不過後來我改游仰式，他覺得很滿意，我就這樣成了游泳隊最後的一員，我登上了帕里斯島（Parris Island）[41]。」她戲稱說是帕里斯島，因為它是美國海軍陸戰隊訓練新兵惡名昭彰的基地。

不久，莫琳開始參加大師游泳隊的比賽，再過不久，她贏過他們所有人。但莫琳堅稱樂趣是來自游泳本身，而不是競賽的因素。「我喜歡的是人們、是樂趣，游泳讓人感覺舒服，增加腦內啡的分泌。這是多麼令人愉快、多麼愉悅感官的運動呀，是否參加比賽並不重要，到了水中，會讓人感覺永恆不朽，任何事都影響不了你，只感覺到美好。」

莫琳是一個會讓別人感覺到美好的人，這個「別人」也包括我。她充滿好奇、活潑且快樂，經常把話題轉回別人，比起滔滔不絕談論自己，她對聆聽別人的生活更感興趣。在我們第一次見面過後，她立刻開始每週寄電子郵件給我，告訴我她的近況，為我可能想要訪談的人物提出有用的建議，還有一些我忍不住想轉寄給他人，讓他們一起歡笑的影片（像最近的「小狗舔人」〔Puppies Licking People〕）。

我們對談期間正值新冠疫情，整個加州為防疫實施居家避難令。對莫琳來說，這件事最困難的部分不是被限制在陸地上，或是不能進行每天凌晨五點鐘起床，在黑暗中開車穿過城鎮，前往玫瑰盃游泳池（Rose Bowl pool）[42]的日常行程，而是無法見到朋友。老年時期是她人生中一個充實有意義且極為社交的篇章，她告訴我，她比過去擔任加州第一批取得執照的社工人員時還忙碌。她現在是洛杉磯幾家博物館和歷史古蹟的導覽員，而且雖然她獨居，仍經常和朋友見面。後來在我們交談期間，就見到她的一個朋友順道過來借取藝術展覽的目錄。

莫琳酷愛閱讀，喜歡坐在前廊看書。她解釋說：「我是含著借書證出生的——我住的地方可沒有金湯匙。」事實上，因為接下來的讀書會由她帶領，我們不得不稍稍提前結束談話，這樣她才能看完艾瑞克．拉森（Erik Larson）[43]的新書。在無法游泳的疫情期間，為了維持健康，莫琳在附近的布朗森峽谷（Bronson Canyon）[44]散步，踩上踏下前廊臺階連續十一次，同時藉由舉燉番茄罐頭來鍛鍊手臂肌肉。

我們第一次見面過後，莫琳以電子郵件寄給我摘自英國詩人羅勃特．白朗寧

（Robert Browning）[45]作品的詩句，體現她對晚年的看法：「和我一起變老吧！／最好的還在後頭呢。」

移動起跑線

這兩位住在美國兩端、類型非常不同的泳者告訴了我們什麼？兩人都顯示了開始運動永遠不嫌晚，年老身體對運動的回應極好，而且正向年齡信念有許多涓滴效應，包括帶來更好的功能性健康。

事實證明，比起年輕時候是否有運動習慣，年齡信念對於後來的功能性健康可能更是決定性的因素。潔西卡・皮亞謝基（Jessica Piasecki）是諾丁罕大學的三十歲英國研究學者，她在最近參與的一項研究發現，五十歲開始跑步的人可以跟數十年前就開始跑步的競賽年長跑者一樣結實健康。晚了三十年才開始跑步的人和終身運動員相較，兩者在完賽時間、肌肉量和體脂肪等方面都非常相似。

儘管潔西卡的研究因為其團隊著重在生理預示因子，並未直接衡量年齡信念，但這個發現改變了她對於老化的態度和個人的跑步計畫。潔西卡是個謙虛的耐力型運動員，而且非常有天賦。在我們談話過後，我發現自從她開始研究年長運動員，她已成為現役最快的英國女性跑者，也是英國馬拉松歷史上第三快的女性。從事這項研究之後，她對人生後期才投入運動的人抱持深切敬意。當她和大師組跑者交流時，他們似乎全都有一個共通的老化觀點，就是要「努力挑戰自己的極限」。她告訴我，和他們一起工作，讓她在自己的跑步生涯中得到額外的大量動力。

雖然我絕對不是最快的泳者或是跑者（參加比賽時，我的目標是完成比賽），但我能夠理解受到年長運動員啟發的感覺。在我身為研究老化的老年學家生涯中，我最喜歡的一點就是，經常結識到鼓舞人心的長者。一天早晨，當我還在掙扎是否要按下貪睡鬧鈴按鈕，拉上被子蒙頭再睡一下，或是立刻起床，趁上班之前在住家附近的玉米田跑一圈時，威賀明娜、芭芭拉和莫琳充滿活力的堅定聲音在我腦海裡響起，我便立刻下床去找我的運動鞋了。

從車禍到對抗結構性年齡歧視

正向年齡信念不只可能為老年人提供更好的功能性健康狀態，也幫助他們從疾病和傷勢中復原。偶爾生病或受傷無疑是生活的一部分，有待爭論的是，為什麼同樣傷勢的人卻有不同康復模式？

就像功能性健康勢必隨著年齡下滑是一個廣泛流傳的錯誤信念，人們也假定老人在嚴重損傷或疾病過後的恢復情況不好。在推翻上述假定的重要研究中，老年醫學專家湯姆．吉爾（Tom Gill）發現，這個錯誤信念和錯誤的方法論有關：針對長者和失能人士的大部分研究做法是每年或每幾年追蹤參與者的狀況，這可能錯過短暫的失能復原期，像是腳踝扭傷會在一個月內康復。以一年或更長時間的間隔來進行長期調查，大部分的研究人員會記錄到健康惡化且少有康復的狀態。不過，當吉爾以較短的間隔，改為每個月調查參與者的狀況時，他發現81%的參與者在最初失能期的一個月內完全康復，而57%的康復者至少繼續維持了六個月的獨立性。也就是說，大部分在嚴重摔倒或受傷後而無法自行沐浴或進食的老年人，最後可以再度做到這些事。

多虧了吉爾團隊讓我們知道，大部分的長者甚至在遭受嚴重損傷或意外後都可以完全康復。不過，是什麼推動了這些復原？

我想知道是否可能是年齡信念。幸運的是，當吉爾計劃對紐哈芬市七十歲以上的居民進行研究時，我問他能否使用我的老化形象衡量方法來檢視這些參與者的年齡刻板印象。為了做到這一點，他的團隊在研究開始時，詢問五百九十八名參與者想到老年人首先浮現腦海的前五個詞語。在接下來的十年間，我們每個月都會追蹤參與者的狀況，了解他們是否有新的傷病，如果有，部分的成員是否仍會完全康復。

我們發現，一開始具有正向年齡信念的人在隨後十年間，明顯較能從傷病中恢復。年齡信念模式的存在對於恢復狀況的影響，超越了年齡、性別、種族、教育、慢性病、憂鬱症和身體虛弱的因素。儘管我預測到正向年齡信念可以作為康復的資源，但它的影響強度卻讓我感到驚訝：我們具有正向年齡刻板印象的參與者從嚴重失能到完全康復的可能性，比抱持負面刻板印象的人高出44%。

年齡信念就像暴風雨中的船桅，可以在長者經歷失能、並終於康復時，作為安全感和力量的來源。以奧斯卡得獎演員摩根．費里曼（Morgan Freeman）[46]為例，他在一個炎熱的夏日夜晚開著Nissan Maxima行駛在密西西比高速公路，突然間，車子失控翻滾了幾回，瞬間變成一團扭曲的金屬塊，不幸的是，安全氣囊並未展開。救援人員必須用上救生鉗才能救出費里曼，他的身體遭受壓傷，多處骨折，最後以空運送到最近的醫院。他的粉絲和親人為他而祈禱，認為他即使存活下來，這位七十一歲的演員也會終身癱瘓。

但是摩根・費里曼不只康復，而且生氣勃勃。康復之後，他又演出了三十七部電視節目和電影。他尤其自豪能主演《超危險特工》（*Red*）和《瀟灑搶一回》（*Going in Style*）等動作片，這些電影以老年人作為主角，海扁對手大殺四方。在《瀟灑搶一回》中，他和亞倫・艾金（Alan Arkin）[47]、米高・肯恩（Michael Caine）[48]飾演退休人士，因為三人共事的公司取消了他們的退休金，決定搶劫詐欺年老客戶交易的銀行，對抗結構性年齡歧視（我將在本書後半討論對抗年齡歧視的合法手段）。

費里曼到二〇二三年已年滿八十五歲，享受著老年人生，探索他的靈性（他最近製作一部探討世界宗教的紀錄片，並擔任旁白），以及從事他喜歡的事——拍電影。他解釋說：「我有能力退休，我現在工作只是為了好玩。」

在發生車禍八年後的一次訪談中，有人問他：「現在身為好萊塢傳奇和男主角，你是否覺得你的工作徹底挑戰了老年刻板印象？」費里曼回答：「我希望是這樣，我真的希望是這樣。」

摩根·費里曼讓老年與好奇心及活力聯繫在一起，並且在晚年人生中展現了身體復原力，實例體現了我們紐哈芬研究的發現。但是，各位用不著成為電影明星、鐵人三項運動員或世界紀錄保持的泳者才能健康地變老。無論是決定在六十歲開始跑步，在七十歲第一次跳進游泳池，或是在任何年齡開始健行，重要的不是什麼時候做，以及做什麼，而是要建立正向的年齡信念，並相信你的身體會有同樣的回應。

第四章　發達的大腦：基因不是命運

在一個秋天的日子，當時我的爺爺還只是個無足輕重的新鮮人，一位生物學大學教授把他叫進辦公室，要求他說明怎麼會在期末考考這麼好。

「雷維。」教授說，他拿著我爺爺的考卷，彷彿它是特別拿來證明「有罪」的證據。「你這次考試滿分，從來沒有人能交出滿分考卷。」這名教授開的課程在於探討生物學中最先端的發展，是出了名的困難。聽到我爺爺開始背誦相關教科書章節的每一句話時，教授震驚地坐在椅子上，等爺爺背完後，他露出如釋重負的笑容，現在，教授了解到這位學生為什麼能拿滿分。在爺爺隨後的人生當中，他的照相式記憶繼續讓所有見識到的人印象深刻，當然，當中包括他的孫子、孫女們。

我爺爺是貧窮立陶宛移民的小孩，但被賦予了眾多好運。他是家裡第一個上大學的人，然後又進入法學院。在我小時候，他會唸他童年時期看的美國小說家小霍瑞修．愛爾傑（Horatio Alger）[49]的作品給我聽，內容講述貧困出身的年輕人透過

「運氣和勇氣」提升社會地位的故事。他知道自己也很幸運，所以尋求做出為他人帶來歡樂的一番事業。他創立了一家出版社，大量出版色彩鮮豔、充滿滴著滲液的怪物和超級英雄，讓兒童開心入迷的漫畫書。然而，在邁向人生盡頭時，他的運氣用完了。有一天，我和他一起去吃午餐，他沒有倒背整份菜單，反而催促我注意在我們桌子底下來回走動的小綠人，它們就在我們腳邊舉重、拉扯、咕嚕發聲，就像出自他漫畫書裡的卡通生物。

大約在那個時候，他開始失去他聞名的記憶力，沒多久，艾德爺爺就被診斷出阿茲海默症。身為他的孫女，我非常害怕他這項疾病的緩慢進程，它會抹去他不斷展開的現在，把他禁錮在冰封的過去。

直到我成為心理學家，並且開始研究這個主題時，我才從更為不同但也更有希望的角度去思考老化的大腦。對我們大多數人來說，隨著年齡增長，我們的大腦會展現某些優勢，而這些優勢可能會因為我們周遭的文化因素而減弱或增強。

大腦的生物標記與沒有老糊塗的村莊

在一九〇一年的德國法蘭克福，一名叫做奧格絲特．德特（Auguste Deter）的五十一歲婦人前來接受愛羅斯．阿茲海默（Alois Alzheimer）[50]醫師的治療。德特太太變得偏執多疑，開始在屋子四處藏東西，漸漸地似乎開始喪失記憶。她傷心且困惑的丈夫把她送到精神病院，她在那裡成為阿茲海默醫師的病患。她這種悲傷且悲慘的轉變，讓阿茲海默醫師十分好奇。當被要求進行一些簡單的任務，像是寫下自己的名字時，德特太太也無法辦到。「我遺失了自己。」她會對著任何願意聆聽的人不斷重複這句話，有時甚至對著空無一人的地方說著。

在她去世五年後，阿茲海默醫師解剖了她的大腦，發現它嚴重萎縮。以銀鹽（silver salts）[51]來染色腦的組織薄片後，他發現其中布滿異常的沉積物「類澱粉斑塊」（amyloid plaques），這是一種在大腦細胞之間形成的蛋白質團；另外還出現「神經纖維糾結現象」（neurofibrillary tangles），它是腦細胞內部形成的蛋白質扭曲線狀體。他發現了以他名字命名的疾病，並將有生之年都用來發表關於該疾病的文章，但令他沮喪的是，這些研究大多被當時的醫學界忽視。

在隨後七十五年間，醫學界對阿茲海默症幾乎沒有其他更多的研究，部分是因為當時醫師誤以為它是隨著年齡增長而不可避免的動脈硬化現象，同時也是因為，醫學界普遍會把老年人排除在迅速發展的大腦研究領域之外。但這個疾病就像滴答作響的定時炸彈，近六百萬美國人患有阿茲海默症，大約是美國六十五歲以上人口的10％。

然而，阿茲海默症對各個文化的影響不盡相同，例如失智症在美國的發病率是印度的五倍，雖然記錄這一現象的科學家猜測文化上發病率的不同，可能是飲食造成，但在我看來，年齡信念可能在這明顯的差異中發揮了作用。在印度，長者受到極大的尊重，並且經常被徵詢意見，從財務投資到家庭糾紛等各種問題都有人諮詢，這是一種非常不同的年齡信念文化，和美國往往貶低長者的普遍觀念形成對比。

勞倫斯．柯恩（Lawrence Cohen）是我研究所的老同學，目前是加州大學柏克萊分校醫學人類學計畫的負責人，他提到在克羅埃西亞首都札格瑞布（Zagreb）參加全球會議所發生的故事，來自印度的一位人類學家發表了關於一個印度東北部落的老人長壽研究。等他發表完畢，一名美國老年學家詢問這些老人的失智症患病率，但演講者似乎不明白這個問題。其他北美老年學家紛紛加進來幫忙，這似乎是翻譯的問題，他們提問時用的文字是：「老年痴呆？阿茲海默症？」但演講者還是不熟悉他們的用語。另一名美國聽眾嘗試說明：「我們的意思是，老糊塗。」最後，印度人類學家點點頭，表示現在聽懂問題了，而聽眾鬆了一口氣，總算彌補上言語的隔閡。

印度人類學家說明：「這個部落沒有老糊塗的情況。」對他來說，這顯而易見。他剛剛描述了一個孤立的社會，傳統的印度多代同堂家族形態在這裡仍保持原樣；在這樣的社會中，沒有年齡歧視，老年人受到良好的照顧、受到重視，融入部落的社會生活之中。他不解的是：他們為什麼應該要變得老糊塗？

為了調查年齡信念對於大腦的失智症易感度有多大影響，我再次回到巴爾的摩老化縱向研究，該研究長期以來對一組每年進行腦部掃描的志願者進行測試。另一組成員自願將他們的大腦捐獻給科學，在死後接受解剖和研究。所有志願者都在參加研究的早期描述了他們的年齡信念，當時他們身體健康，沒有失智問題，距離接受腦部掃描和解剖還有數十年。我的團隊發現到，持有負面年齡信念的人相較於正向年齡信念的人，較可能發展出透露失智跡象的斑塊和糾結。事實上，他們的海馬體，即大腦負責記憶的部位，萎縮速度快了三倍。

在此，我們找到了答案：年齡信念——這是一種個人，同時也是文化上的因素——可能會影響這些阿茲海默症生物標記的形成。

以文化信念克服危險基因

阿茲海默症是一種神經退化性疾病，它會逐漸殺死腦細胞，帶有遺傳基礎。也就是說，天生帶有名為「載脂蛋白第四型」（ApoE ε4）基因的人比較容易罹患阿茲海默症。說到健康，基因很重要，你可能聽過有些人說「基因決定命運」，這種想法主張你的一切都是由基因決定。在高中生物課中，學生學到了孟德爾（Gregor Johann Mendel）[52]，他是十九世紀奧地利修道院院長，透過研究和雜交不同品種的豌豆，發現了基因遺傳法則。他發現，決定高度或花朵顏色等性狀的是它們的基因，而長期以來，我們認為這法則同樣適用於人類：基因控制我們的智力、魅力、個性和健康。

儘管孟德爾許多基於豌豆的觀察成為現代遺傳學的基礎，但近數十年來，在一個稱為「表觀遺傳學」（epigenetics）的領域中，發現了重大的進展。這門科學顯示環境因素如何影響基因決定結果的情況，例如，若是孟德爾曾嘗試對他的半數種子唱歌，並發現到這些音樂種子長出的豌豆植物比在完全安靜環境中生長的高，那麼他就是在處理表觀遺傳學（就我所知，孟德爾並未嘗試這個音樂實驗）。

一項有趣的表觀遺傳學研究顯示，受到母鼠較多梳理、舔舐及照護的幼鼠會發展出新的韌性基因（resilient genes），並傳遞給子代。許多不同因素都可能影響基因表現，愈來愈多的科學家發現，文化和環境因素在決定健康方面扮演了重要角色。舉例來說，想想美國拉丁裔孩子易有氣喘風險的情況：其中一部分編碼在於祖先的遺傳組成，但其中也涉及空氣污染等環境因素，這種常見於少數族裔社區中的空氣污染可能加劇該風險基因的表現。

同樣地，在阿茲海默症上，我發現年齡信念（以及其他環境因素）有助於決定與這項疾病有關的基因是怎樣表現。

就像我們天生的眼睛顏色可能是棕色、藍色、淡褐色或是灰色一樣，我們也全都生而帶有種類輕微不同的ApoE基因：ε3、ε2或ε4三種型態。我們大部分天生帶有ε3，它並不會影響我們阿茲海默的易感性；10%的人幸運地生來帶有

ε2，它可以保護我們免於失智症、促進長壽；而不幸的是，ε4在阿茲海默症上發揮了作用。大約15%的人口天生帶有ε4基因，饒富興味的是，其中只有半數的人會發展成阿茲海默症，為什麼呢？

為了找到答案，我追蹤了一個由全國五千多名長者組成的四年期間樣本，發現到一個比我預期大了許多的影響：在攜有高風險ApoE ε4基因的參與者中，具有正向年齡信念的人比抱持負面年齡信念的人，發展出失智症的可能性低了47%。事實上，如同下方圖2所顯示，他們罹患失智症的可能性與沒有攜帶高風險基因的正向年齡信念者大致

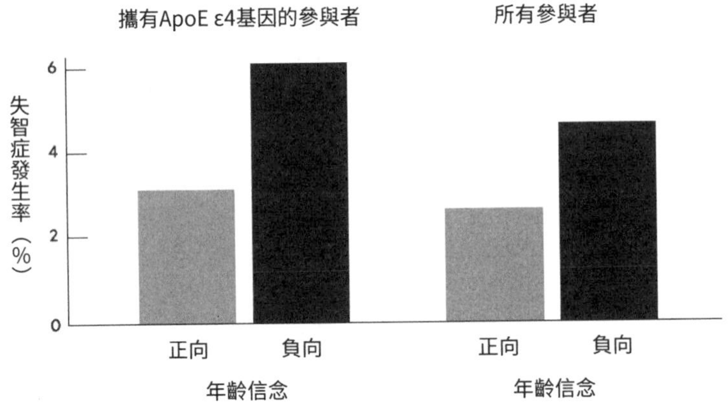

圖2：正向年齡信念降低失智症風險。這些信念降低所有參與者的失智症風險，包括攜有高風險ApoE ε4基因的人。

一樣。換句話說，在生物學上成為失智症的目標對象中，有半數始終未罹患這個疾病，歸功於正向年齡信念對他們提供的防護。

這是第一個檢視社會因素（這案例中是指年齡信念）能否降低ApoE ε4基因攜帶者及一般長者罹患失智症的研究，我們發現年齡信念在降低失智風險上的優勢，遠大於其他最常被研究作為導致失智風險的因素，像是年齡、性別、憂鬱症，以及早期的認知評分。

以年齡信念和牙買加香料預防阿茲海默症狀

儘管許多罹患阿茲海默症的人會發展出和我爺爺一樣的狀況，被奪走了晚年的記憶力和個性，但也有人雖然大腦中出現同樣顯露失智跡象的類澱粉斑塊，認知能力卻顯得相對完好。他們的大腦呈現阿茲海默症的生物標記特徵，卻很少表現出這臨床症狀，甚至根本沒有出現。

為了更深入了解這種現象是如何發生的，我訪問了參與一項重大持續性研究的幾位人士，這項研究名為「無症狀阿茲海默症的抗類澱粉蛋白研究」（Anti-

Amyloid Treatment in Asymptomatic Alzheimer's Disease，A4），由國家老年研究所支持，目前在遍及美國、加拿大和澳洲的六十個地點進行。它的目標是要找出無症狀時預防阿茲海默症狀出現的方法，因此，研究人員一直在研究具有阿茲海默症一個神經性生物標記（偏高的類澱粉斑塊），但認知能力正常，而且沒有出現失智狀況的人。

我首先拜訪了艾美（Amy），她是八十二歲的退休簿記員，出生於牙買加，現在住在芝加哥，她最初會加入這項A4研究是因為她姊姊想要加入，但姊姊卻被發現已出現失智症狀而未通過篩選，艾美於是自願代替。艾美的大腦雖然出現類澱粉斑塊的阿茲海默症特徵，卻沒有顯現症狀。

經過六年的磁振造影、問卷調查、記憶遊戲以及一次不舒服的腰椎穿刺後，她很慶幸能夠牢牢掌控自己的心智。近來，她過著平靜而滿足的生活：上教堂、經常和女兒通電話，以及享受很多的牙買加風味菜。她小時候住在牙買加蒙特哥貝市郊的青綠山坡地，那裡沒有電力也沒有自來水。她父親是校長，也擔任教堂執事，是一位受到當地社區關心和尊敬的長者。她記得當他被找去處理高中畢業人數下滑等社區問題時，他經常和村落長者一起提出創造性的解決方案。

艾美幾乎一輩子都在美國生活，社交圈主要是加勒比海移民，而美國對待年老人士的方式經常讓她覺得焦慮不安。她這十年來都在一個協助芝加哥窮困地區孩子學習閱讀的組織擔任志工，很震驚地看到有些孩子會以粗魯和高高在上的態度和年長志工說話，而老師有時不但沒有加以訓斥，甚至還覺得孩子的說法好笑。

這種對待長者的方式和艾美在牙買加的體驗截然不同。許多加勒比海文化把敬老置於其價值體系的頂端，使得關懷長者變成一種產生尊重的活動。因為艾美的認知能力和活動能力都比姊姊好，所以由她來照顧姊姊。她告訴我，兩人在成長過程中不是很親近，但她們現在是最好的朋友，以前所未有的深切情感互相欣賞。家人填補了艾美退休生活中所出現的空白，她盡可能時常找時間看望她的姊姊和大女兒。

是什麼讓艾美在阿茲海默症的生物標記出現高值時，抵抗了臨床的失智症狀呢？有理由相信，年齡信念在其中扮演了關鍵角色。在缺少治療藥物的情況下，控制阿茲海默症最有效的方式是減輕壓力。壓力會提升大腦發炎，而慢性發炎導致許多疾病，進而為這神經疾病的發展鋪平了道路。疾病本身會擾亂與壓力反應相關的神經和內分泌通路，因此加劇進程。這是一個惡性循環，最好的對策就是良好的壓力管理，這也就是為什麼醫師經常密切留意壓力，同時採取定期運動和健康飲食習慣以降低壓力。

我們應該考慮的另一個降壓因素是年齡信念，當我在哈佛醫學院從事博士後研究時，在針對波士頓年長人士所做的一項實驗性研究中，我發現負面的年齡刻板印象放大了壓力，而正向年齡信念則發揮了緩衝作用。

正向年齡信念因為具有這種防止壓力的特性，甚至可以協助攜有高風險ApoE ε4基因的人抵抗生物學上似乎已為他們判定的命運。這很可能就是艾美所發生的狀況，她有著阿茲海默症的腦部病理狀況，卻沒有認知方面的症狀。這種表現部分歸功於她正向的年齡信念，使她更能應對壓力，而她也透過在城裡四處走動、玩拼圖和填字遊戲，來促使自己保持身體和心智上的活躍。她十分擅長拼字遊戲，任何跟她玩過幾次的人都會拒絕經常和她一起玩。她的姊姊有時會偷偷用牙買加方言加字，但艾美非常堅持，認為如果使用的文字不在拼字遊戲字典，就違反了規則。

健康的生活方式不一定是困難或是昂貴的，就艾美的例子來說，簡單的樂趣就是健康的樂趣。在新冠疫情之前，她在參加的教會中盡可能幫忙，像是插花或是記帳。在我們對談的時候，大家都因為疫情而大門緊閉，所以她把時間用來烹飪和為姊姊送餐。那天下午，她煮了麵疙瘩，並用牙買加煙燻香料燒烤紅鯛。

艾美的生活方式充滿正向的年齡信念，這些信念源自她的牙買加教養背景。例如，她深信老年人擁有寶貴的意見，因此，隨著年紀增加，艾美變得直言不諱，而她原本一直是內斂的人，在大家一起聊天時不太願意插話，「絕對不是一個好聊的人。」但年紀愈大，她變得愈開朗，渴望表達自己的想法。她彷彿在體現牙買加童年中見識到的直言長者，近來她會讓朋友和周遭人士了解她的感受，尤其是在遇上年齡歧視的時候。了解艾美之後，讓我聯想到反年齡歧視社會運動團體「灰豹」（Gray Panthers）[53]創始人瑪姬・庫恩（Maggie Kuhn）說的一句話：「老年是憤怒的絕佳時刻。」

兩個年輕醫師等於一個年老喬納斯

喬納斯（Jonas）是美國中西部的七十五歲小兒科醫師，他展現了老年也是成長過程中的一個絕佳時期。有一天，他見到一張傳單，邀請人們參加一項阿茲海默症研究的篩選。當時，他仍陷於喪父之痛，而因為父親也是阿茲海默症患者，他決定前去嘗試。他現在是Ａ４研究的參與者，這表示，就像艾美一樣，他在阿茲海默症生物標記上的類澱粉蛋白值升高，但認知方面未受影響。也就是說，喬納斯是被這項疾病針對，但仍設法抵抗其症狀的人。

幾年前，喬納斯退休不再看診，只是繼續教書。

「我在看診生涯的最後時期意識到，大部分的人一旦擅長某件事就會立刻退休。」他告訴我，並提到他的女兒喜歡提醒他，因為他累積的知識和診斷能力，大學需要聘請兩名年輕醫師才能代替他。

他退休前的一、兩年，體會到退休往往發生在技能最純熟的時候。有年輕的同事請他去看看一個不太確定病症的病人，那個病患是個嬰兒，就坐在媽媽的膝蓋上，小腦袋周期性地垂下和抽動。喬納斯說：「幾分鐘內，我就做出了明確的診斷。」

結果發現小嬰兒是癲癇發作，雖然喬納斯立刻找到答案，他還是再檢查了嬰兒一陣子，並且對媽媽問診，才把同事拉到一旁，年輕醫師聽到喬納斯的診斷時，眼睛發亮。到那天結束時，喬納斯已成了小兒科診所的話題，而當他稍晚坐下來打筆記時，診所第二年輕的醫師坐在電腦椅上滑向他，然後說：「醫生，快教我！你是怎麼辦到的？」

那是喬納斯曾經看過的症狀，而他的年輕同事只是沒見過。他了解到可能還有許多這樣的情況，年長的內科醫師僅憑個人經驗就可以更善於做出診斷，或是看到更全面的狀況。

雖然喬納斯說，他不想和年輕醫師競爭，並嘗試跟上最新的生物化學發現，但當醫院和醫學院企圖悄悄驅逐年長醫師時，他依然認為這將會適得其反，而且有害。他任教的大學會對年長醫師進行認知測試，進行的測試標準不在於他們是否出現任何認知衰退的證據，只看年齡，但目前至少有一名醫師反擊這樣的做法，並控告該大學以年齡歧視員工。

「年輕的時候，往往會被當作狂妄小子而遭到冷落。」喬納斯提到臨床執業上不言而喻的階級制度時說道：「然而，等到變老，又被看作是一個老古板，這真的沒什麼道理。於是，你得到的『敬意』與你的『技能水準』達到一致的時間，只剩下十到二十年。」

當喬納斯聽到我的研究領域時，他對我說他的年齡信念隨著時間有了顯著的改進。「當我還是剛起步的年輕小兒科醫師時，我認為的老人大概就是行動蹣跚和無助，但在我接觸到年長的導師和同儕，見到他們在年事已高的情況下仍遊刃有餘，這些刻板印象就慢慢消散。」

喬納斯在一間教學醫院工作，參與大講座（grand round）學術討論，這是每週進行一次的病例討論會議，以協助醫師、住院醫師及醫學生了解不斷發展的病患照護領域最新狀況。他在附近的醫學院對毫無經驗的一年級學生教授醫學診斷課程，分享他累積數十年的知識。

他也投入法國菜烹飪、在白熾燈泡底下培育稀有蘭花，並且花上整個下午來研究不斷擴展的族譜。他著迷於特寫攝影，喜歡聚焦在大自然出人意料的形狀和紋理上，他會在早上往脖子掛上相機，外出走上很長的路程。

他還是熱衷的業餘飛行員，他開心地笑著描述從高空、從眼睛和太陽齊平的地方觀看並航行過世界的經驗。他也把自己用在診斷和治療病情的犀利視覺空間技能，運用在熟練掃描天空的狀況上。他告訴我，最近一個下午，他在空中收聽到無線電說正在搜索一架墜落的小飛機，他找到了飛機，在附近降落，救出飛行員，然後載他前往原本要飛去參加的婚禮。

他擁有優秀的老年榜樣，這也提供了助力。他的母親是其中一位，她已九十七歲，獨自住在新墨西哥州的阿布奎基（Albuquerque）[54]，而兩人的關係非常親密。喬納斯在自己還是年輕醫師以及後來的中年醫師時，依附於年長導師。從一名年長同事身上，他學到社區健康中心極為重要，以及社區健康的哲學；還有一名年長的心臟科醫師教導他許多對病患展現同情和友善態度的事。而身為小兒科醫師，他對帶著孫子孫女來看病的爺爺奶奶產生了敬意。「這可是最困難的問診。」他笑著告訴我：「我老是覺得自己處於祖父母最嚴厲的審查當中，而祖母一方尤其嚴格。」

幸運基因、年齡信念和茁壯的大腦

喬納斯及艾美這樣的人士是活生生的證據，證明我們的神經元和基因未必代表著命運。事實上，我發現到年齡信念隨時間所產生的影響，比起對認知能力有益的最知名基因高了十五倍。我們的老年刻板印象就是這麼強大。

還記得ApoE基因嗎？ε4型會增加罹患阿茲海默症的風險；另一方面，ε2型卻透過清除類澱粉斑塊並提升大腦突觸之間的連結，有助於更好的認知能力。在另一個ApoE研究中，我發現天生幸運攜有ApoE ε2基因的人仍受益於同化的正向年齡信念；相較於持有負面年齡信念的ApoE ε2基因攜帶者，他們在認知測試上的表現更好。這表示，我們的年齡信念可以改變基因影響我們行為的編程。

好消息是，在天生未攜帶ApoE ε2基因的人（也就是90%的我們）之中，如果接納正向的年齡信念，罹患失智症的風險就跟生而擁有ApoE ε2基因的人一樣低。想到擁有正向年齡信念會促進我們從事運動、社交和智力的活動並減輕壓力（這全都有助於提升腦部健康），上述的情況就很有道理。換句話說，年齡信念的功能就像是文化上的ε2型基因。

長久以來，科學界把老化大腦的情景視為不值得研究的悲劇，大家誤以為人類大腦在兒童及青少年時期慢慢發展，然後在成年早期的某個時候達到高峰，之後因為神經元停止形成新的連結，就開始穩定衰退。腦科學研究人員直到最近才開始以研究早期大腦的相同熱情研究老化大腦，他們發現，年老大腦的神經元仍成功產生新的連結。

可塑性和再生在整個動物界和人生所有階段中都是大腦極為重要的特質：金絲

雀成鳥的大腦在每個交配季節基本上都會「重生」，使牠們可以學會新的交配鳥鳴、了解求偶和求愛的最新鳥語。而實驗室的年長老鼠被賦予豐富的經驗時，像是有機會探索帶有斜坡、輪子和玩具的有趣空間，也會有同樣的神經元成長。事實證明，年老的大腦經常再生。

我們的大腦就像其他的器官一樣，必須得到適當的照護和滋養。對老化抱持負面觀念的長者因此不運動、也不從事智力上的活動，感受到較大的壓力，可能不會出現太多的再生，甚至可能出現神經元損失。具有正向年齡信念的長者，可能會受到啟發去學習拋接球，或參加廣場舞蹈課、練習高中時學到法語，進而出現顯著提升的神經元成長。

我們是生物，但同樣也不僅限於我們的生物學生理。對老化具備正確看法，我們可以隨著年紀增長而增強生物編碼。

第五章　晚年精神健康的成長

我對老化課題開始感興趣的過程有一點迂迴，高中時，我用了一個暑假自願協助一名研究創造力和精神健康的心理學家。他的辦公室在麥克連醫院（McLean），這是隸屬哈佛的精神病院，坐落在波士頓市郊綠樹成蔭的美麗校園，這裡散落著許多改建過的維多利亞式房屋。我喜歡這裡的環境，對這家醫院也很感興趣，因為我喜歡的一些詩人和音樂家，像是希薇亞・普拉斯（Sylvia Plath）[55]、雷・查爾斯（Ray Charles）[56]和詹姆斯・泰勒（James Taylor）[57]都曾在這裡接受治療。

大學畢業後，我到麥克連醫院的人力資源處申請工作，因為我沒有任何臨床經驗，適合我的唯一空缺剛好是在負責老年病患單位的入門級職位，聽到這個工作內容讓我很沮喪，以為這會是極度鬱悶的職務。身為二十一歲的年輕人，我認為精神疾患在老人之間蔓延，這些疾病無法有效治療，只能管理，這就是我當時的年齡信念。我想像在一個悲傷嘈雜的醫院病棟裡，無助的老人病患逗留在角落，或被拋棄在走廊上，任他們自生自滅。但這是我唯一的工作機會，所以我就嘗試了。

一年來，我為病房裡的病患送餐，填寫健康紀錄，甚至陪同病人接受電痙攣療法（ECT）。這是一種電擊大腦誘發小型癲癇發作的治療程序，可以緩解重度憂鬱。這樣的治療幫助了一些對其他治療方式沒有反應的病患，但看到病患因為電流通過貼在頭部的電擊片而身體痙攣時，還是讓我很難受。

在這個工作中，我最喜歡的一個部分就是，為我八小時輪班中負責監控的七個病人，寫下每一個人的病程紀錄（progress report）。我大部分的精神健康部門同事都不把它當成一回事，認為這只是讓人瞎忙的工作，只為每個病人草率寫下一、兩句話：「莉莎吃掉大部分午餐，參加了小組活動。」但我真的很喜歡這個任務，因為這給我和病人對談的機會。每當我跟他們談話，都會試著了解關於他們背景的新事物，或是他們對家人、對目前接受的治療有什麼感覺。或許我在這些病程紀錄有點熱心過度，有時甚至寫了好幾頁，但這些紀錄無疑幫助我更完善記下了自己的學習。

從事這份工作的一年間，我得知與我最初的假設恰好相反的情況，比起在年輕人之間，精神疾患事實上在年長者之間更不常見，而且出現精神疾患的大部分長者都可以有效治癒。

醫院工作人員幾乎每週都會舉行團隊會議，從十多個不同角度討論每一個病患。當護理師、社工人員、精神科醫師、臨床心理師、神經心理學家、心理藥物學家和其他人擠進醫院優雅維多利亞房屋的一個房間，整合他們的不同觀點時，我就在一旁觀察和聆聽。在好幾小時的時間裡，他們會討論病人的文化背景、生理狀況、工作歷史和社交關係，以更深入了解他們住院的原因，以及哪一種方法可以協助他們恢復。

在這些會議中，我也學到我們的精神衛生取決於許多不同因素的微妙互動。例如，我聽說有一個華人老太太把她的嚴重焦慮歸因於她的孩子不尊重她，她的孩子不讓她去看中醫師。儘管其他許多西醫可能貶低傳統中藥的正當性，麥克連醫學人員卻不會，他們反倒花了許多時間分析該病患和子女間文化和心理上的動態交流，以更了解並有效治療她的狀況。

後來，當我發展出自己的理論和研究，並開始了解像年齡信念這樣的社會因素是如何影響生理，並和生理產生交互作用時，我就會時時回想起麥克連醫院這些充滿見識的會議。

年齡信念對壓力的影響

就像眼鏡和望遠鏡改變了到達我們眼睛的光線和細節的多寡，我們的年齡信念決定了進入我們身體和精神的壓力源的種類和數量，而這些壓力源又進而可能損害我們的精神健康。

在確認年齡信念如何影響我們生理機能的第一項研究中，我發現正向年齡信念可以作為對抗壓力的屏障，然而負面的年齡信念則增強了壓力。我仔細觀察了自律神經系統（ANS），它和「戰或逃反應」（fight-or-flight response）有關。當我們遇到突如其來的威脅（像是公牛衝鋒而來），ANS讓我們腎上腺素激增，立即促使我們戰鬥或逃跑。在轉瞬間，腎上腺素激增幫助我們更加善戰或是逃得更快，但長期暴露在腎上腺素和壓力之下，真的會損害我們的健康。

在這個實驗中，我研究年齡刻板印象是否會影響心血管反應——也就是說，在應對壓力源時，人們經歷到怎樣的心率、血壓和汗腺活動峰值。為了更貼切模擬我們在人生中反覆接觸到的刻板印象，我們讓參與者潛意識接觸正向或負面兩組年齡刻板印象，並且面對口述或數學的兩種挑戰。我們口述挑戰是讓參與者描述他們近五年來感覺最有壓力的事件，從車禍到被逐出公寓，他們無所不談。

我很驚訝地發現，甚至在口述和數學挑戰都還沒進行之前，光是負面年齡刻板印象就會讓參與者產生一次巨大且立即的壓力。事實上，這個壓力值比隨後兩組挑戰所造成的壓力明顯高上許多。

然而，正向的年齡刻板印象卻有了截然不同的效應。我們第一次釋放這些信念時，它們的影響很小，但第二次時，它們產生了緩衝作用：不僅第二次數學和口述挑戰期間的ANS壓力並未增加，壓力值實際上還**下降**到進行任何挑戰之前的情況。換句話說，儘管正向年齡信念需要時間才能發揮它們的保護效應，最終卻幫助了參與者在壓力大的情況中平復感覺，這表示：多次接觸正向年齡刻板印象有助於長者降低長期壓力，並從充滿挑戰的艱巨事件中恢復，同時也顯示年齡刻板印象和身心健康互相依存的本質。

我們在實驗室中發現到年齡信念對壓力產生影響，為了確認這個效應是否也會在社區中發揮作用，我分析了國家老年研究所巴爾的摩一組研究人員在三十年之間所收集到的數據。參與者在第一次前往中心時，提供了他們的年齡信念，接下來三十年間，參與者每隔三年回到實驗室，研究人員會收集他們皮質醇（Cortisol）的數值。皮質醇是身體主要的壓力荷爾蒙，就像腎上腺素，有限度的皮質醇高峰是有益的，但大量增加卻會損害身體，也與許多不良後果有關。

果然，我發現到年齡信念明顯影響人們的皮質醇分泌。如同在圖3所顯示的，具有負面年齡信念的年長參與者在三十年間的皮質醇數值增加了44％，而正向年齡信念者卻**下降**了10％。

在發現到「愈是具有負面年齡信念，壓力就愈大」這樣的連結後，我想知道既然壓力經常是精神健康問題的主

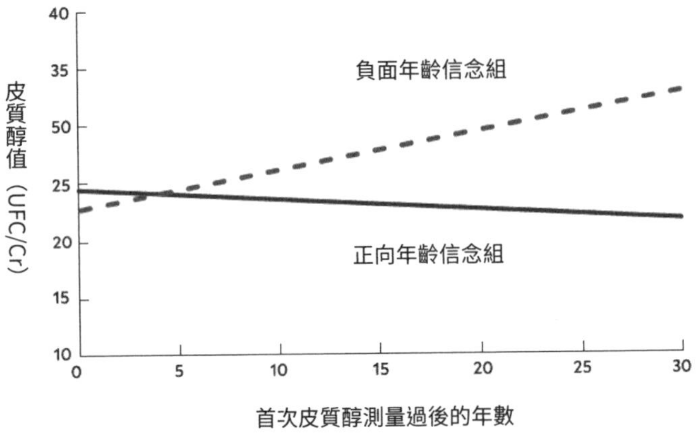

圖3：持有負面年齡信念的年長參與者在三十年間壓力增加。具有這種刻板印象的參與者在壓力生物標記的皮質醇上，呈現增加的數值；然而，持有正向年齡刻板印象者在這類壓力生物標記上顯示下降。

要因素，那麼年齡信念是否也會導致——或防止——晚年的精神疾病。我對年長的退伍軍人進行了一項研究，他們的生活環境預示著會帶來比平常人更高的精神疾病發病率，畢竟，他們有許多人都經歷過戰鬥、重傷以及同袍死亡。在美國各地退伍軍人的樣本中，我們發現具有正向年齡信念的人在隨後四年中，比較不會出現自殺意念、憂鬱和焦慮等症狀。正向年齡信念甚至有助於緩和經歷過交戰的人所出現的創傷後壓力症候群（PTSD）；相比之下，負面年齡信念讓退伍軍人面對困境時復原力較低，因為他們的精神疾病發病率較高。

負面年齡信念是精神健康的障礙

在制度層面，精神健康專業人員的負面年齡刻板印象也會造成損害，持有這樣觀念的人對於年長患者的治療經常是不足的，因為他們認為長者出現精神疾病，尤其是憂鬱症是很正常的事。這造成一個特別惡性的循環：持有負面年齡信念的年長患者較可能出現精神健康問題，但因為我們醫療保健體系中的年齡歧視本質，使長者往往無法得到適當的治療，導致精神健康問題加劇，又進而強化了這是老化的固有問題，以及協助年長患者沒有益處等刻板印象。儘管年過六十五歲的人與其年輕時相較，比較不可能出現精神疾患，但其中仍有五分之一都曾經歷某種精神疾病，而由於嵌入醫療結構中的年齡歧視刻板印象，他們經常無法得到最有效的治療方式。

從佛洛伊德到普洛特金：年長患者尤其可以治療

認為老年人過於僵化因而無法治療他們的精神健康問題，這種有害的刻板印象可以追溯到精神分析創始人佛洛伊德，他不鼓勵治療師治療年長病患。他主張在病患當中「接近或超過五十歲以上的人，通常已缺乏精神處理過程的彈性——老年人不再是可以教育——而這種彈性卻是治療所仰賴的部分。」換句話說，佛洛伊德認為年長患者太過固執己見，無法進行成功治療所需要的自我反思。

佛洛伊德的負面年齡信念可能部分來自他在奧地利的年齡歧視家庭教育，尤其是他的母親亞美莉雅（Amalia）（佛洛伊德的著名主張是，許多人的問題都是源自於他們和母親的關係）。佛洛伊德的傳記作者歐內斯特・瓊斯（Ernest Jones）[58]這樣描述亞美莉雅：「她九十歲時，拒絕一條美麗圍巾的禮物，說這會『讓她看起來太老。』當她九十五歲，在辭世的六星期前，她的照片出現在報紙上，她的評論是：『拍得真糟糕，讓我看起來像是一百歲！』」

佛洛伊德認為年長患者僵化的信念很諷刺，因為他身為思想家最知名的一個特質，就是隨著年紀增長，他有勇氣去誠實承認自己過去思考上的基本錯誤。七十多歲時，他已經世界聞名，被提名了十三次諾貝爾獎，這時他對自己著名的心理學模型做了深刻的修訂，其中包括無意識驅動我們行為的方式，但是他從未公開修改他對於老化的看法。

一百多年過去了，現今的情況也沒有改善多少：佛洛伊德的年齡歧視信念仍無拘無束盛行在現代美國精神健康照護體系當中。最近針對七百名心理學家和治療師的一項調查發現，他們大多認為年老患者由於「精神僵化」而不太適合治療，他們對年長病患的改善期望也很低（這稱為「治療虛無主義」），許多人認為像是倦懶、嗜睡和憂鬱等可治療的症狀，只是正常老化的標準特徵。

為尋求精神健康和老化的不同當代觀點，我訪問了丹恩・普洛特金（Dan Plotkin）醫師，他是住在洛杉磯的七十歲精神科醫師，在職業生涯的過程中，他發現到年老患者僵化的刻板印象大錯特錯。四十年前，他開始接受精神分析的訓練，需要完成三份深入的病案研究才能成為分析師，當他嘗試把一名他稱為「ＪＦ」的七十三歲女性納入病案研究時，卻遭到眾多指導老師駁回，堅稱她的年齡是禁止因素，因為他們主張：分析療法只會讓願意深入思索自己，並進行改變的年輕人受益。讀到丹恩的報告時，他回憶說道：「他們一直生氣地用紅筆劃掉或圈起來，他們說老年人無法適用這種深入分析。」丹恩不斷申訴，指出這些指導老師有年齡歧視，直到他們的裁定被推翻。

最後，分析治療讓這名七旬病患受益匪淺。ＪＦ面對的問題之一是她自己的老化過程：她覺得自己因為年紀成了家人的負擔。丹恩說，但正是**因為年紀大了**，她才能夠全力處理自己的事，一些她早年不願意解決的事。「我們第一次晤談時，她坐下來看著我說：『我想要了解我至今的人生究竟是什麼。』」

他們一起解開她的人生。第一次的治療課程是如此感人，讓丹恩幾乎落淚。他們的療程持續地富有成效——到最後，ＪＦ是前所未有的快樂，她和久未聯繫的女兒修復了關係，過一陣子甚至搬家好更親近女兒。她可以應對她的過去，以有意義的方式整合人生大事。在治療最後，ＪＦ對於身為老年人的自己，感覺變得良好，重拾幽默和創造力。「她重建了價值感，能夠在她所愛及愛她的人陪伴下度過餘生。」

丹恩告訴我，這實際上是年長患者在治療經驗中相當典型的成果：他們就跟年輕患者一樣受益。事實上，他們往往比年輕時候更可以治療，因為現在他們更加深思熟慮，想要找到真相，決心解決自己的問題，難怪丹恩更喜歡治療年長患者。

老化的話題時常在病患治療課程中出現，年齡信念的想法也是如此。丹恩說，我的研究幫助他了解這些信念在其病患身上的文化根源，以及它們對精神健康的影響。

他說，許多有益因素可以有助治療，像是有動力、能夠反思人生，以及能夠建立深層關係。「這些全是我們關於正常老化會想到的特徵！」丹恩說：「在人生的最後篇章，人們多了成熟，再多了一點智慧，他們普遍找到了與自己和平共處的方式。你沒有那麼多自我，你徹底了解自己的精神官能症。」

科學也支持丹恩的臨床觀察，認為年長患者可能特別容易從治療中獲益。研究顯示，我們在晚年的情緒智力提高，花更多時間在生活省思上，對於朋友有更多的夢想，更加尊重直覺感受。其中是有一些特例，丹恩揶揄笑說：「但是當大部分的人在他們七十、八十或九十歲坐下來喘口氣時，回首過去，大多數的人不認為自己的人生是一場災難。」

那麼，老年人僵化且精神健康問題百出的負面刻板印象，為什麼會繼續存在呢？除了精神健康執業人員的長期偏見外，還有重要的結構性力量促成跟強化了醫學的年齡歧視。

就像其他許多問題一樣，這個問題也很早就開始，在醫學訓練時就出現了。很少醫學院要學生必修老年醫學課程，而且大部分老年醫學課程頂多只有一堂跟精神健康有關。在精神病學和心理學系，大部分的課程、治療和理論都著重在兒童和青年，因此，治療長者的治療師中不到三分之一接受過大學畢業後的老化心理學訓練，而超過三分之二的人覺得他們需要，也想要關於這領域更多的訓練。

醫師很快就為年長病患開藥，這不需要太多精力和時間，而且在短期內，通常比藥物結合心理治療的方式費用便宜，儘管許多病患更想要在治療方案中加入和治療師的晤談。而為長者提供結合藥物和晤談治療的方式，已被證實在精神健康的結果及長期成本兩方面，都比單獨施用藥物更加有效。像丹恩．普洛特金這樣的理想治療師，會先確認年長病患出現憂鬱症狀的原因，再找出可以利用並強化他們年齡特定力量的治療方式，例如增加情緒智力的做法。

藥物濫用在營利的長期照護機構中尤其猖獗，這樣的設施在許多已開發國家中激增，例如在美國，二〇一九年該產業的價值就達到五千億美元。在這些機構中，工作過度的人員用大量藥物來協助控制失智症狀，儘管食品藥物管理局從未批准當中許多藥物如此使用，而這樣的做法可能造成疲勞、藥物鎮靜狀態、摔倒和認知損傷。在平常的一星期間，美國照護安養設施的用藥對象中，就有十七萬九千人並未出現這些藥物獲准施用的症狀。

對於年長患者精神健康問題的誤診和診斷不充分，部分源自於醫療專業人員往往忽視年長病患的症狀。當醫師發現到自殺意念或憂鬱症狀，他們比較不會對年長病患治療這類的精神問題，認為這是老化不可避免的特徵。這種忽視需要糾正，尤其考慮到最有可能死於自殺的族群裡，就包括老年人，尤其是男性長者，因為他們通常使用較致命的武器、計畫更為仔細，比較不容易及時獲救。

糟糕的政府政策也說明了長者沒有得到適當精神衛生照護的原因，美國的聯邦醫療保險（Medicare）已有六十五年的歷史，對於老年人已經受限的精神衛生服務加以限制。聯邦醫療保險的醫療從業者資格規則自從一九八九年以來就不曾更新，這表示即使在年長病患精神醫療保健的需求度上，現在有大約二十萬名執照合格的諮詢師以及家庭婚姻治療師可能提供極大的幫助，聯邦醫療保險卻在這類治療師治療年長患者時，把他們排除在償付範圍之外。而就算是符合償付條件的治療師類型，聯邦醫療保險提供的款項也非常少，因此大部分醫療保健提供者會減少治療年長病患，一般精神科醫師得到的償付不到平常費用的一半。這就是為什麼64%的醫療保健提供者不接受倚賴聯邦醫療保險的年長病患。

但就像我們個人的負面年齡信念，在精神醫療保健領域的結構性年齡歧視是可以逆轉的。還記得我最初不太情願在麥克連醫院老年病房區工作嗎？普洛特金也有類似的經驗。在醫學院訓練中，他和其他實習醫師抽籤決定誰先去老年病房部。「沒有人想去，當時我們是在洛杉磯，加州是非常年輕導向的地方。我們全都害怕老化，但結果是我抽到了。」丹恩帶著不情願的厭惡心情，拖著沉重腳步走去老年病房區，而讓大家驚訝的是——主要是他自己——他過得很愉快。他喜歡那裡的工作人員，尤其是病患，許多人都很熱切參與，能夠以深刻的見解和幽默感談論他們漫長人生的許多挑戰和成功。

艾瑞克森夫婦對精神健康的重要參與

我讀研究所的時候，我和艾瑞克・艾瑞克森（Erik Erikson）及其妻子瓊恩（Joan）交上了朋友，艾瑞克是創造「認同危機」（identity crisis）這個術語的移民心理學家，而瓊恩更是經常與他合作的人。現今，兩人最知名的是他們針對人生的階段發展所提出的理論。

第一次見到艾瑞克和瓊恩是在麻州劍橋的艾瑞克暨瓊恩中心（Erik and Joan Erikson Center），當時我在中心擔任舞蹈教師志工（我和一名身體非常有彈性的八十歲優雅芭蕾舞者一起帶課），那裡距離我在哈佛上課的威廉詹姆斯廳（William James Hall）只有十分鐘的腳踏車車程。當我因為中心主任學術休假而充當代理主任時，這短短的通勤真是幫了大忙。

艾瑞克森夫婦的家就在附近，我是去他們家吃飯時和他們熟悉起來的。那是一棟搖搖欲墜的維多利亞式建築，艾瑞克森夫婦和分屬不同世代的三個人合住，其中包括一名年輕的研究生、一名正在開啟職業生涯的心理學家，還有一名總是在烤麵包的比較宗教學中年教授，瓊恩和艾瑞克喜歡這種合住生活所帶來的熱鬧對話和交流。

艾瑞克結合了舊世界的精緻和新世界的創新，他有著典雅的歐陸口音，經過赫赫有名的維也納訓練（他曾在和佛洛伊德相同的圈子裡學習，也是佛洛伊德女兒安娜〔Anna〕的病人），但也接受過非傳統的教育。在攻讀心理學之前，受過作為藝術家的培訓，在高中結束了他正規的傳統教育。雖然直到三十多歲才學英文，他仍贏得了美國最著名的兩個文學獎項：國家圖書獎（National Book Award）[59]及普立茲獎（Pulitzer Prize）[60]。

在艾瑞克森之前，人類發展理論通常聚焦在童年，並止步於成年早期，然而艾瑞克森對社會力量如何在我們整個人生階段中影響我們的人格感到興趣，這部分是因為他對人類學的著迷，他是瑪格麗特・米德的好朋友，而米德跟他志趣相投，對不同世代如何互相學習深感興趣。

邁入六十歲之後，艾瑞克轉以甘地（Gandhi）[61]作為自己發展的榜樣。在一九六九年，艾瑞克森以心理傳記學的角度檢視甘地最後幾十年的人生，而贏得普立茲獎。艾瑞克不是以歷史學家或印度專家的身分來撰寫這個主題，而是以「受過臨床觀察訓練的評論家」角度來執筆，這使他得以探索甘地隨著年紀增長的勇氣，背後所具備的歷史與心理來源。甘地晚年的和平抗議方法尤其打動艾瑞克森，像是七十四歲時為了抗議英國占領，甘地絕食了二十一天（他最長的一次）。

艾瑞克和瓊恩在八十多歲時，修訂了著名的人類發展心理模式，為人生後期階段加入更多見解。這個重要作品是基於對「世紀之子」（children of the century，同樣出生於二十世紀早期的八旬老人）的訪談，被稱為《老年的重要參與》（*Vital Involvement in Old Age*）。

「當我們在四十多歲探究生命週期時，我們向老年人尋求智慧。」瓊恩談到這本書時說道：「只是，在八十歲時，我們探究其他八十歲的人，看看誰變得富有智慧，而誰沒有。許多老年人不一定充滿智慧，但除非上了年紀，人才會有智慧。」艾瑞克森夫婦著書過程中所訪談的一些參與者提到，幽默是應對意外狀況的重要工具。如同瓊恩指出：「我無法想像不會笑的老人，這世界充滿荒謬的二分法。」

艾瑞克森夫婦同時注意到，通常從八十歲開始的人類發展第八個階段中，許多人經歷到他們生命中最深層的親密性。瓊恩說這是因為：「必須經歷多年的親密關係，體驗長期關係的所有複雜性，才能夠真正了解它。任何人都可以遊戲人間，發展許多關係，但對親密性來說，承諾至關重要，了解長期親密羈絆的複雜性，才能更好地去愛。變老的時候，你學會了溫柔的價值，也學會在晚年不要執著，要毫不留戀地給予，自由地去愛，不求任何回報。」

精神分析治療師暨劇作家弗羅莉達・史考特麥斯威爾（Florida Scott-Maxwell）思索自己這個階段時說道：「老年讓我困惑，我原以為變老是悄然的時期，我的七字頭人生很有趣，還算寧靜，但我的八字頭卻熱情激昂。我年紀愈大，就愈是強烈，我很驚訝我突然有了熾熱的信念。」

在我每年教授的健康與老化課程中，為了鼓勵大家討論老年人的內心生活，我會播放英格瑪・柏格曼（Ingmar Bergman）[62]的經典電影《野草莓》（*Wild Strawberries*）。主角是一名叫做柏格（Borg）的瑞典內科醫師，在電影一開始，他承認自己孤獨寂寞，而他不再自我欺騙。他告訴我們：「在七十六歲這個年齡，我發現我已經老到不能騙自己了。」然後，他在不喜歡他的兒媳陪伴下繼續長途開車，去領取因為他五十年傑出醫療服務而頒贈的榮譽學位。在旅程中，柏格醫師讓不同年齡的旅客搭便車，代表他人生的不同階段。柏格醫師在整部電影中不斷出現生動的夢境，這些夢境闡明他正在努力理解曾經發生過的衝突。

在電影結尾，柏格醫師對於他人生的事件和關係有了一系列見解，這使得他以令人愉快的新方式和他人建立關係，因此贏得了兒媳與搭便車的年輕人的讚賞，對方在繼續旅程前在車窗外為他唱了小夜曲。

我從艾瑞克森那裡得到播放這部電影的點子，他告訴我，他在哈佛大學教授人生發展階段的課程時，經常放這部片給學生看，來說明他的發展階段理論。不管是他被學生暱稱為「從子宮到墳墓」的課程，還是我的課程，目標都是為了說明老化可以大量克服早期人生的衝突，並伴隨富有意義的成長。

全球的老奶奶大軍

我們對於改善晚年精神健康所知道的一切，幾乎都是基於高收入國家進行的研究，一個重要的例外是由精神科醫師迪克森．奇班達（Dixon Chibanda）所做的系列研究。奇班達出生在中南美洲的辛巴威，他在這裡長大，也在這裡執業。他提出一個源於正向年齡信念的主意，轉換了辛巴威精神醫療保健的施行方式，改善了成千上萬的老年人的生活。

這個稱為「友誼長凳」（Friendship Bench）的主意，動用了老奶奶的智慧。這主意是奇班達在擔任辛巴威罕見的精神科醫師時所產生的，這個擁有一千四百萬人口的國家只有十二位精神科醫師。他得知自己一位名叫艾莉卡（Erica）的病患因為付不起公車錢，無法前往三百六十公里外的醫院，因而自殺，奇班達告訴我，當時的辛巴威正經歷著一段「社會、政治和經濟的動盪不安」時期，在可利用的精神健康服務和全國人口對精神健康的需求之間，存在著巨大差距。他決心要找到解決方案，但沒有資金、沒有空間，也沒有可用的精神健康工作者，他甚至無法確實地招募志工，因為年輕男女和年長男性大都離開村落，試著在別的地方找到工作，而通常是去礦場。

「我突然想到，我們非洲最可靠的資源之一就是老奶奶。是的，老奶奶，每個社區都有她們，她們不會為了尋找更好的職位而離開自己的社區。」他提出了一個主意，就是教導老奶奶，讓她們在社區一個安全低調的戶外場所，坐在公園長凳為村民提供談話治療。

剛開始，奇班達醫師「並不相信能夠發揮作用」，他不知道老奶奶是否感興趣，也不知道她們是否擁有實行這個計畫的技能。為了找到答案，他招募了十四名不曾有過醫療或精神衛生訓練的老奶奶，他教奶奶們如何進行審查，確認當事人是否需要更高階的照護，並且進行一系列四十五分鐘課程的談話治療。

兩個月後，他觀察到老奶奶不只感興趣，奶奶們有能力充當非專業的精神衛生工作者，而且「她們相當有做這件事的天賦！我察覺到她們很能夠理解我們說的精神衛生上的社會決定因素，她們就是知道該做什麼。事實上她們擁有很多資源，甚至用不著我加入。我的工作只是讓她們能夠以結構性方式運用早已擁有的工具和知識。」在這些工具中，她們「善於聆聽，能夠傳達同理心和反思，也能取用當地智慧和文化。」

「友誼長凳」在辛巴威受到歡迎，原因之一是當地文化具有強烈的正向年齡信念，奇班達醫師指出：「提到年老，在我的文化中首先顯現的是尊敬，對長者有眾多尊重，我想這可能是友誼長凳成功的原因，當事人認可老奶奶有一、兩件事可以教你。」

現今，有八百名平均年齡六十七歲的老奶奶為自己的村民同胞提供談話治療。友誼長凳的模式已擴展到辛巴威的鄰國馬拉威和波札那，以及尚吉巴半自治區，對充斥各種年齡層、七萬多名的當事人進行過治療。當事人還年幼時，老奶奶會稱他們「孫子」，當事人接近老奶奶年齡時，她們就稱他們為「兄弟」或「姊妹」。

這個計畫的成功已在多項臨床試驗的記錄中得到證實，其中一項發表在極富聲望的醫學期刊《美國醫學會雜誌》（*JAMA*）上，奇班達醫師團隊發現「老奶奶比醫師能更有效地減輕憂鬱症」。在另一個試驗中，他們發現老奶奶本身也從提供「友誼長凳」的治療中得到好處，奇班達醫師一方面覺得這令人驚訝，因為老奶奶「花了很多時間和有精神創傷的人談話」，另一方面他又解釋說，他認為這很有道理：「這個工作給了她們一種歸屬感和目的，她們的狀況比沒有從事這項工作的其他老年人來得好，因為她們回饋了社區，這是多年來一直照顧她們的社區，而現在，在人生暮年，她們對社區有所反饋，並感受到巨大的回報。」

蒙巴瑞（Mbare）[63]的八十歲庫西（Kusi）奶奶，是奇班達醫師尤其欽佩的老奶奶，她是十五年前首次招募的十四名創始老奶奶之一，至今已成功透過「友誼長凳」治療過幾百位當事人，對於這樣的結果，他說：「她之所以成為最富成效的老奶奶之一，是因為她擁有給予人們空間來分享故事的驚人能力。她本身更是令人難以置信的說故事高手，非常清楚如何使用肢體語言，她會用雙手和眼睛來溝通。她擅長聆聽，知道別人哭泣時什麼時候該幫他一把；她擅長所有醫學院或精神病學沒有教過的小事，她真是太厲害了。」

奇班達醫師有一個夢想：「全世界年滿六十五歲的人口有十五億人，想像一下，如果我們可以在每一個城市建造全球性的老奶奶網絡會怎樣！」這支老奶奶大軍（他認為，還可以加入沒有孩子的老太太和老先生）將可以為數以百萬計有需要，目前卻沒有得到任何治療的人們提供精神衛生服務。

儘管「友誼長凳」模式受益於具有正向年齡信念的文化，但是在其他年齡信念較為負面的國家試辦這個計畫時，也同樣成功。老奶奶提供有效的治療談話，似乎有助反轉這些負面的年齡信念，當我聽取奇班達醫師的精神衛生願景時，我問他是否認為「友誼長凳」也有助於減少年齡歧視，他同意這也是這夢想的一部分。

第六章 7.5年的長壽優勢

數十年前，一個研究團隊來到俄亥俄州寧靜的牛津小鎮，邀請每位年過五十歲的居民參加一項稱為「俄亥俄州老化與退休的縱向研究」（Ohio Longitudinal Study on Aging and Retirement）。研究人員詢問這些俄亥俄居民關於他們的健康、工作生活和家庭的問題，還有他們對老化的看法，針對後者的問題包括「年紀愈大愈沒用，你同意或不同意？」

蘇珊．康凱爾（Suzanne Kunkel）是邁阿密大學斯克里普斯老年學中心目前的負責人，當時大學一畢業，她便搬到俄亥俄州參加這個研究團隊。她那時還是社會學研究所新生，對人類發展感到興趣。這個研究由羅伯特．艾奇利（Robert Atchley）主持，他想要盡可能招募更多居民，所以蘇珊在牛津的前幾週都在餐廳和咖啡館大門上貼傳單、翻查選民名冊，寄明信片給鎮上的每一個人，請社區成員查看通訊錄有無合適人選，並鼓勵大家傳播訊息。目標是要網羅符合年齡層的所有居民，不管是退休的外科醫師或汽車技師，不管是住在教堂街上富麗堂皇的磚造房屋或是拖車，也不管是蘇格蘭裔還是寮國裔，保守派還是自由派。艾奇利認為這些差異有益於進行分析，讓他得以隔離社會因素在老化方面的角色。

隨後幾十年間，蘇珊和她的研究同事回去牛津小鎮五次以上，詢問後續問題。由此產生的研究結果將提供美國二十世紀後半最豐富和最詳細的老化觀點，但其中一些最深遠的含意卻在二十五年間無人聞問，也沒有人進行調查。從日本返國後，我偶然在研究所發現到這項資料，我剛在一個常常見到百歲人瑞，尊敬且不躲開老年人的地方住了好幾個月，長壽因此成了我的關注焦點。那時的我猜想，文化在人們形成年齡信念上扮演了重要角色，但我也想知道年齡信念是否會進而對長壽產生明顯的影響。我聽說這項俄亥俄縱向研究在比較基準上，曾做過年齡信念的測量。

當我聯絡到蘇珊．康凱爾，向她提出我的想法時，她告訴我，一些參與者在這些年間已經過世，卻從未記錄他們的壽命。因此，無法得知哪些研究參與者還活著或已經辭世。

我不久後參加了一個討論老化的會議，在突如其來的好運中，我在這裡發現到填補這個空缺的方式。當時我帶著塞滿跟長壽有關的物品（海灘巾、飛盤、空頂遮陽帽——這已變成我獨特的海灘裝備）的托特包，漫步穿過展覽廳，一名繫著圓點領結的友善男子遞給我一把印著「ＮＤＩ」粗體字母的尺，我困惑地問「ＮＤＩ」是什麼意思，他說這是國家死亡指數（National Death Index）的縮寫，是政府追蹤美國人壽命的一項工作。「太棒了！」我頓時大喊，嚇到了安靜展覽廳中的不少人。

這次會議聚集了許多著名的長壽專家，每個人都從不同的角度研究這個主題：有人使用果蠅作為研究方式，有人研究百歲人瑞的血壓，還有人研究瑞典的人口趨勢。然而，似乎沒有人對像是年齡信念這樣的心理決定因素感興趣。

現在，藉由把年齡信念疊加在新發現的死亡資料數據上，我有了檢視這種關聯是否存在的方法。我查看俄亥俄的研究參與者從中年開始時的年齡信念，隨著時間繼續追蹤，我有了驚人的發現：對老化持有最正向觀點的參與者，比抱持最負面觀點的人，平均多活了七年半。

既然有這麼多對俄亥俄州人收集到的資料，我能夠確定年齡信念對他們壽命的影響，遠超過性別、種族、社經地位、年齡、孤獨感和健康。年齡信念竊取或增加了他們人生將近八年的時光，甚至比低膽固醇或低血壓（兩者都增加了四年額外的

壽命）、低ＢＭＩ（身體質量指數，增加一年）及避免吸菸（多了三年），賦予了更好的生存優勢。（見圖４）

在針對這些發現所寫下的文章中，我作出結論：「如果發現一個會減少人類壽年七年以上的未知病毒，我們可能會投入相當大的努力，找出原因跟進行補救。而在這個情況中，我已得知可能的原因之一是：社會准予貶低老年。全面性的補救辦法需要由產生這些作為的同一個社會，將這些貶低年長者的觀點和行為去正當化。」

這項研究受到媒體關注了好一陣子，讓我的生活變得怪誕離奇，我從整天待在耶魯大學哥德式圖書館的地下室

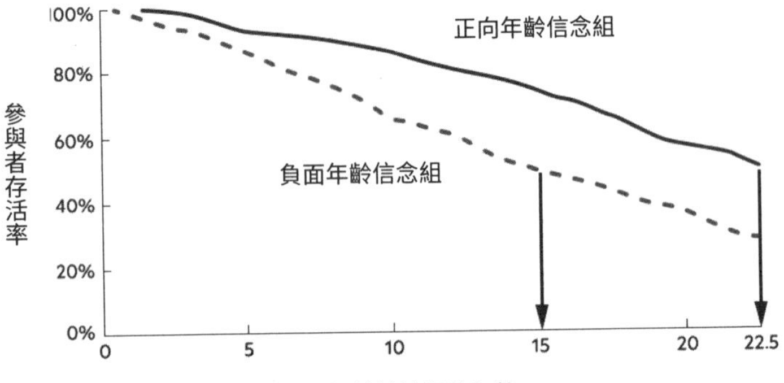

圖4：來自正向年齡信念的生存優勢。具有正向年齡信念的參與者比負面年齡信念參與者，平均多活了7.5年。這是藉由檢視兩個不同組別一半人數仍舊存活的時間點，將兩者計算得來，如箭頭所示。

小隔間，安靜、專注地閱讀和寫作，到被地方性、全國性和外國各種電臺、平面媒體和電視記者在街上追逐。突然成為關注的焦點令人震驚，但我很高興大家開始認識到年齡歧視和年齡信念。

發表這份研究幾星期後，我接到來自華府的電話，是美國參議員約翰・布里克斯（John Breaux）的團隊打來的，希望我能在一場年齡歧視的聽證會上分享我的新發現。我有些猶豫，因為突然的關注已讓我深受衝擊，但當聽說我的導師及友人羅伯特・巴特勒會出席，還有七十七歲女演員多麗絲・羅伯茨（Doris Roberts）[64]也會出現，她是艾美獎（Emmy Award）[65]得主，也在CBS情境喜劇《大家都愛雷蒙》（*Everybody Loves Raymond*）中飾演雷蒙的媽媽瑪麗（Marie），我告訴參議員助手算我一份。

聽證會在國會山莊的德克森參議院辦公大樓（Dirksen Senate Office Building）舉行，紅木鑲板的房間裡坐滿參議員和記者。聽到其他人不只詳盡談論了年齡歧視的有害影響，以及年齡相關意象的重要性和衝擊，我覺得受到了認可。這些人包括巴特勒和羅伯茨、新聞記者保羅・克萊曼（Paul Kleyman），以及一家頂尖廣告公司的合夥人。巴特勒展示了兩張圖片，一張是畫報雜誌的封面，在「貪婪的老人」

（Greedy Geezers）標題下，呈現一群彎腰駝背、皺著眉頭的老人；另一張來自《智慧女性》（*Wise Women*）攝影集中的九十二歲女星暨歌劇演員基蒂·卡萊爾·哈特（Kitty Carlisle Hart）[66]，那是一張呈現她優雅迷人甚至性感的人像照。巴特勒展示這兩張截然不同圖片的重點在於，媒體和行銷公司不必貶低年老人士，要呈現他們的存在還有其他許多的方式。

接著，多麗絲·羅伯茨談論這些意象所帶來的個人影響。「我現在七十多歲，在我職業生涯的巔峰、收入的高點，我要補充說的是，納稅額也最高。當孫子說我很讚的時候，可不是在按Facebook，但社會卻認為我可以被拋棄，我和同輩被描繪成依賴、無助、沒有生產力、苛求，而不是值得尊重的人。」請注意她用了「描繪」一詞，羅伯茨也十分關心「表現」和「意象」的議題。

「事實上，多數年長人士都是自給自足的中產階級消費者。」她繼續說道：「他們比大部分年輕人更有資產，還有可以貢獻給社會的時間和才能。主席先生，現在的情況不只悲慘，更是罪過……晚年可以是人生最有成效和創造力的時候，近一百年來，諾貝爾獎得主的平均年齡是六十五歲。法蘭克·蓋瑞（Frank Gehry）在七十歲時設計了西雅圖流行文化博物館，藝術大師喬治亞·歐姬芙（Georgia

O'Keeffe）到八十多歲時仍極具創造力，光是舉出幾個在現今標準已算日暮西山，卻創造出生涯最好作品的人，就可以再加上希區考克（Alfred Hitchcock）[67]、狄更斯（Charles Dickens）[68]、伯恩斯坦（Leonard Bernstein）[69]、佛西（Bob Fosse）[70]、萊特（Frank Lloyd Wright）[71]、馬諦斯（Henri Matisse）[72]、畢卡索（Pablo Picasso）[73]、愛因斯坦（Albert Einstein）[74]。」

身為演員，羅伯茨把憤怒的矛頭朝向形象製造者——她所屬的娛樂產業。儘管她指出，演員「隨著年紀，演技愈來愈好」，但又補充說，在她的朋友中，有許多四十到六十歲才華洋溢的女演員「因為符合這年齡層的女性角色稀少，被迫以失業救濟金或社會福利金維生。」

輪到我向參議員發表談話時，我說明自己是如何發現負面年齡信念不只影響了健康情況，像是記憶表現及心血管對壓力的回應，還會影響我們的壽命。

我遇到的人仍會提起這個長壽發現：「哦，妳就是那個發現怎麼多活七年半的人！」自從我以書面發表了這項研究之後，已有澳洲、中國和德國等文化極為不同的十個國家也有同樣的發現，它也成為世界衛生組織反年齡歧視運動的基石。

威斯康辛一群年長的社運人士寄給我一些他們自製的徽章，上面標示著我們的長壽發現，藉此和人們開啟對話，談論年齡信念的力量和打擊年齡歧視的必要性。徽章上面寫著「問我7.5的事」（ASK ME ABOUT 7.5），這個發現之所以引起這麼多共鳴，因為它駁倒了一個普遍的假設，也就是：壽命只由基因決定。知道年齡信念在我們壽命中扮演了如此重要的角色，表示我們可以增加對平均餘命的掌控。不難理解人們為什麼會配戴「問我7.5的事」的徽章，而不是戴上「問我基因的事」（ASK ME ABOUT GENES）徽章。

研究顯示，包括年齡信念在內的非生物學因素對我們的壽命有高達75％的影響力。考慮到我們發現年齡信念會影響這些基因是否或如何表現，嚴格由基因決定的壽命比率，可能比25％還低。然而，關於長壽的決定因素，最近和持續中的研究仍大部分集中在基因，而且即使有研究是針對非基因的因素，也著重在負面因子，像是疾病、受傷、認知衰退，而不是正向因素，例如：具有保護作用的年齡信念。

基因固然強大，但環境也是。有些百歲人瑞天生攜有代代相傳的幸運基因（像是ApoE ε2），但許多人瑞並沒有這樣的基因；有些甚至具有高風險的ApoE ε4基因，卻能夠憑藉環境來克服，包括別人如何對待他們，以及從環境吸收到的信念。

我們可以拿蜂后壽命作為環境能夠戰勝基因的比喻，蜂后和工蜂有同樣的基因，蜂后的壽命卻是工蜂的五倍，儘管牠們分享同一個蜂巢，本質上卻是生活在不同的環境。蜂后的食物不是工蜂平常吃的花粉，而是接受一整個「王宮」的侍從經常梳理及餵食特別的蜂王乳，這些服侍者會預先消化蜂后的食物，換句話說，在決定長壽的因素上，社會環境可以勝過基因。對人類來說，如果能擁有一個富含正向年齡信念的文化，這樣的社會環境不只能夠團結世代，而且不管個人的基因腳本為何，都能夠延長壽命。

生存之道

那麼，我們從社會環境所吸收的年齡信念是如何與生存產生關聯呢？從我先前提出的「刻板印象體現理論」（SET）可得知，這可能有心理、生理和行為三個途徑，而SET是用來解釋這些信念如何影響我們晚年的健康。

生理機制包括生活意願，這是指「感知到的生命好處大於感知到的難度」的一種感覺。如果有點抽象，可以把它想成一種期待的事。哥斯大黎加人說的是「靈魂的目的」（plan de vida），美國人則說「我每天早上起床的原因」（why I get up in the morning），法國人說「存在的理由」（raison d'être），而日本人是「活著的意義」（生き甲斐），這些全都可以翻譯成「生活意願」和「存在的理由」。

生活意願不是崇高的哲學信念，只是一種生活值得過的感覺。當我們關心親人、照顧寵物、照料花園，或從事對社會有貢獻的工作，都是在顯現這種意願。讓我們有目標的東西，讓我們覺得有用的感覺，都會產生生活意願。

我的已故同事、流行病學家史坦・卡斯爾（Stan Kasl）證明生活意願可以延長壽命，以他的例子來說，甚至只是一件值得期待的事情，也能讓壽命延長。他和社會學家艾倫・艾德勒（Ellen Idler）發現，虔誠的基督徒經常會延長死期到耶誕節或復活節之後，而虔誠的猶太人則經常把死期推遲到贖罪日、逾越節和猶太新年過後。當我在健康與老化課程談論這個現象時，總會有一些學生舉手分享故事，提到他們有親戚會努力活到一場非常值得期待的婚禮或新生兒出生。

經過實驗，我證明了年齡信念對長者生活意願的巨大影響，在這項實驗中，半數參與者被促發正向年齡刻板印象，而另一半被促發負面年齡刻板印象，然後所有人都要考慮：如果你罹患了一種快速發作的疾病，除非選擇侵入且昂貴的治療方式，否則必定會在一個月內死亡，保證有75％的存活率，但它會幾乎耗盡你所有積蓄，而且家人還要花上非常多的時間照顧你，那你會怎麼辦？我們發現年輕參與者不管是接觸到正向或負面年齡刻板印象，往往都會接受延長生命的治療。相較之下，對年齡刻板印象已產生自我關聯的年長參與者來說，接受或拒絕延長生命的治療方式通常取決於接觸到的刻板印象類型，正向者會接受，而負面者則是拒絕。

例如厄尼（Ernie）就選擇死亡，而不是接受延長生命的治療方式，他是六十四歲的波士頓人，在芬威球場（Fenway Park）[75]經營小賣部，他被促發的是負面的年齡信念。而另一方面，六十五歲的貝蒂（Bette）在波士頓的牙買加平原區經營美髮沙龍，她接觸到的是正向年齡信念，則說她絕對要選擇治療。

從我們俄亥俄州的研究中，可以證明生活意願是年齡信念影響生存的方式之一，所有參與者都填寫了一份生活意願衡量表，抱持負面年齡信念的參與者比較會把他們的生活描述為「沒有價值」或「空虛」，正向年齡信念者則偏向形容生活為「有價值」或「充實」。我們的俄亥俄參與者中，努力抵擋負面年齡刻板印象的人表達較強烈的生存意願，也因此預示著較長的生存期間。

儘管先前並未證明這一點，但我有種預感，年齡信念影響壽命的生理途徑和我們體驗壓力的方式有關。我密切觀察一種稱為「C反應蛋白」（CRP）的壓力生物標記，這是一種出現在血漿中的環狀蛋白質，會隨著壓力累積而升高，較早死亡的人通常具有較高的CRP值。我們追蹤四千多名年滿五十歲的美國人，追蹤他們的年齡信念和CRP值，結果發現，正向年齡信念預示著較低的CRP，帶來較長的生存期間。也就是說，正向年齡信念在生理層面增加了抵抗和應對壓力的能力，進而對壽命產生影響。

最後，我們要提到連結年齡信念與生存的行為層面，這是人們面對醫療保健的態度。負面年齡信念的共同論調是，晚年身體衰弱是不可避免的，因此，我們發現有負面年齡信念的人，相較於持有正向年齡信念者，比較不會從事健康的行為，因為他們認為徒勞無功。我在新冠疫情早期，美國處於封城狀態時探索了這項發現的影響範圍，我的團隊調查了一千五百九十名年長和年輕參與者的年齡信念，並詢問新冠病情嚴重的長者，他們認為應該去醫院接受治療，還是留在家中放棄治療。年輕參與者的年齡信念並未影響到他們的答案，因為這些信念尚未產生自我關聯；而我們的年長參與者，年齡信念愈是負面，就愈是抗拒送醫，可能因為他們覺得治療白費力氣，相比之下，懷有正向信念者往往支持年長人士去醫院取得需要的治療。

懷抱夢想：和我們的玄孫見面

長壽並不是人類的新夢想，如同歷史學家湯瑪斯．柯爾（Thomas Cole）指出：「無論何時何地，人們都夢想著長壽，甚至永生。」我們可以在歷史長河中找到許多例子，五千年前開創中華文化的軒轅黃帝追求長生不老；古希臘人相信神祇以仙饌美酒為食來抵禦死亡；在歌德的經典德國故事《浮士德》（*Faust*）中，主人公為了永生和魔鬼討價還價；而彼得．潘（Peter Pan）更是永遠不會變老。最近的例子是永生不死的少年萬人迷／吸血鬼愛德華．庫倫（Edward Cullen），他是廣受歡迎的浪漫奇幻小說與電影《暮光之城》（*Twilight*）中的主角。

鑑於我們對於長壽的迷戀，可能會有人認為人類達成壽命普遍增加的成就，會帶來相應的頌揚，但如同我們隨後要談的，事實遠非如此。我們的壽命已經有效地延長，達到人類歷史上一般壽命的三倍。在過去一百二十年中，我們已經增加了三十年的平均餘命。就像羅伯特．巴特勒說的：「在不到一百年間，人類平均餘命增加的時間，超過過去的五十個世紀。」

而且沒有跡象顯示這個趨勢趨於平緩，事實上，我們壽命的穩定增加是自然界中所曾觀察到最線性和最始終如一的趨勢之一。正如人口統計學家詹姆斯・歐本（James Oeppen）和詹姆斯・沃培爾（James Vaupel）所指出：「在過去一百六十年間，人類平均餘命每年穩定增加三個月。」

當然，平均餘命因為地區、性別和種族而異，住在高收入國家和擁有較多資源的人通常比低收入國家的人活得更久，而世界各地的女性往往比男性長壽。但這些趨勢不見得一定符合你的預期，例如在美國，儘管因為結構性種族歧視等因素，導致年輕族群中非裔美國人的平均餘命比白人短，但這種傾向在年過八十時卻逆轉，黑人長者比白人長者的平均壽命長。一些研究發現，相對於白人文化，黑人文化擁有較正向的年齡信念，這可能是黑人長者擁有晚年生存優勢的一個原因。這樣的信念可能源於較多多代同堂家庭的文化，祖父母經常幫忙照料孩子，眾所周知，跨世代接觸對兩代人都能培養較正向的年齡信念。

全球壽命的增加並未被視為是人類數千年夢寐以求的勝利，而是廣泛被描述成會增加世界人口負擔的自然災害。一九八〇年代以來，政策制定者、新聞記者和評論家都把無數的經濟問題歸咎於老年人口不斷擴張，警告國家破產問題已迫在眉睫，然而真正的罪魁禍首往往是快速增長的經濟差距，財富代代相傳，集中在愈來愈少的人手中（最近有一個新詞被創造出來——「千億富翁」〔centibillionaire〕，財務上的新類別，代表人物包括貝佐斯〔Jeff Bezos〕[76]和馬斯克〔Elon Musk〕[77]，兩人的資產淨值都達到一千億美元）。

健康富有又長壽

儘管媒體普遍呈現一種看法，認為壽命增加會耗盡國庫，讓醫院人滿為患，但是愈來愈多證據顯示，壽命增加實際上是健康和財富的預兆。正如哥倫比亞大學公共衛生學院院長琳達・弗萊德（Linda Fried）的適切說法：「唯一確實正在增加的自然資源是，幾百萬更健康、受過良好教育的成年人所帶來的社會資本。」「社會資本」是個廣泛用語，通常指的是社會貢獻，但是長壽所帶來的資源，也包括傳統金融意義上的資本。一項針對三十三個富有國家的研究顯示，人口高齡化與健康費用呈現負相關，換句話說，人口愈是高齡化，該國需要在保健方面的支出就愈少。

此外，壽命延長帶來了麻省理工學院年齡實驗室的約瑟夫・柯林（Joseph

Coughlin,）所說的「長壽經濟」（longevity economy），五十歲以上的人口儘管只占全美人口的32%，卻掌控著77%的家庭整體資產淨值，而且他們在旅遊、娛樂和個人保健產品上的花費高於任何年齡族群。

與負面年齡刻板印象帶來的誤解相反，長者絕非是經濟上的負擔，相反地，他們還推動了經濟：在家庭內部的私人資金流動，從年長世代流向年輕世代的情況遠高於反過來的方向。再看看創業家，他們在美國被譽為創造新事業和工作機會的現代英雄，而成功創業家中，年過五十的人數是二十多歲前半的兩倍。經濟學家已經發現，在許多國家中，壽命延長也讓國內生產毛額（GDP）增加。在新加坡，年長父母通常跟他們最貧窮的成年孩子同住，可以最妥善分配支援。研究這個現象的學者發現，年長父母「提到想要體會到心理滿足感和感激之情，這是源自於他們提供物質支援，還有愛與陪伴而來的感受。」

年齡歧視迷思認為壽命延長是衛生體系的災難，但事實正好相反，長壽實際上提供了顯著的健康紅利。長壽災難的迷思基於一種有害的刻板印象，認為老化帶來了一系列不可避免的身心疾病，隨之而來的是高漲的醫療成本，但愈來愈多的證據證明，隨著人類壽命愈長，我們即將面臨的是一種史丹佛大學醫學教授詹姆斯・弗萊斯（James Fries）所說的「疾病壓縮」（compression of morbidity）的情況，也就是無病的年數增長。心臟病和關節炎等常見疾病出現在人生的時期愈來愈晚，現在邁入六十歲時，沒有出現任何慢性疾病的可能性是一百年前的兩倍半。長者比過去任何時期都更為健康、更有活力，失能和患病率也在下降。

湯瑪斯・珀爾斯（Thomas Perls）發起跟監督了世界最大的百歲人瑞及家庭研究，稱為「新英格蘭百歲人瑞研究」，他是我在哈佛攻讀研究所時認識的朋友，我們在老舊磚造建築裡共用辦公空間，而樓下就是我最愛的一家餐館。湯瑪斯是在看完羅伯特・巴特勒關於老化和年齡歧視的開創性著作《為何生存？在美國變老》（*Why Survive? Being Old in America*）後，決定成為老年學家，知道此事後，我和他很快就建立了密切關係。

湯瑪斯在突破性的研究中發現一個模式，他希望能用來反駁「愈老愈會生病」的年齡歧視觀點。他發現的模式反倒是「年紀愈大，過往到現在就愈健康」，他解釋說：「這是我們在百歲人瑞身上發現的事，要活到愈老的歲數，就不能長期生病，必須緩慢變老，或是避開與年齡有關的疾病。」

湯瑪斯在一項研究中發現，90%的百歲人瑞在九十歲時仍功能性獨立，意味著他們可以在毫無幫助的情況下過日子。「我所接觸的百歲人瑞只有少數例外，他們都說自己在九十歲階段基本上沒問題。作為九旬老人，很多人還在工作，還有性生活，也享受戶外活動和藝術。」大部分超級人瑞（一百一十歲以上的人）在一百歲時仍獨自生活，很少有糖尿病或高血壓等血管方面的疾病。同樣地，三百三十名荷蘭百歲人瑞在最近一項研究展現他們保有一系列認知任務的能力，包括列出某一字母開頭的動物，以及在完成目標前不會分心。

湯瑪斯認為，研究百歲人瑞「所得到的線索與其說是關於讓人們活到極限歲數，不如說是如何幫助他們避開或延後像阿茲海默症、中風、心臟病和癌症等疾病。」換句話說，活得**長久**的人，可以教我們如何過著**健康**的生活。

壽比南山的秘密

誠如所見，日本已經發現了長壽的秘密。日本男性和女性都享有全世界最長的平均餘命，而且日本的百歲人瑞和超級人瑞比其他任何地方都多。

日本女性田中加子是全世界最長壽的在世人物[78]，出生於全球第一架飛機成功起飛的同一年，至今她已一百一十八歲，住在九州島北岸的福岡，沖繩也屬同一區域。

或許無怪乎沖繩的日本假名「おきなわ」包含可以寫為漢字「翁」的假名「おきな」，「翁」意指「老人」或「令人尊重的」，因為年老是日本文化珍視的事。當人們年滿六十一歲、七十七歲、八十八歲、九十歲、九十九歲、一百歲以及充滿願景的一百二十歲，都會收到特別的禮物（與西方晚年生日經常伴隨的絞刑架式幽默或淒涼生日卡形成鮮明對比）。日本的「敬老之日」[79]成了該國年度的老年人慶典，政府會發放禮金給百年人瑞與超級人瑞，每個縣都會為最年老的市民舉行聚會。

在最近的慶祝聚會中，加子所在城市的市長為她帶來一個巨大蛋糕，蛋糕造型是她最愛的黑白棋。雖然市長知道加子很好勝，還是向她下了戰書，兩人以蛋糕作為棋盤成了攝影小組的噱頭，市長也知道，這可以讓他不用再加賽一場。這個做法很聰明，因為加子非常討厭輸棋，經常會要求對手重新比賽，一場又一場直到她獲勝為止。後來，當加子成為最長壽的在世人物時，同一位市長出席了慶祝儀式，並見證她用一個深深的鞠躬來告訴群眾：她的人生從來沒有這麼快樂過。

這就是日本超級人瑞的生活：加子受到流行明星般的待遇，並經常上日本電視，最近甚至出現在一齣時代劇[80]中，還參加一個每週邀請三位名人來賓的真人秀節目[81]（加子和知名漫畫家、名模共同現身），在另一個講述鼓舞人心的日本真實生活故事的節目中，她也跟她的曾孫女一起入鏡。

最近，加子把時間花在書法、寫日記、摺紙和桌遊上，她還加入每日相聚解決數學難題的數學社團，並且保持身體的活動力。

日本為什麼可以造就長壽？我請教了在驗證日本最長壽老人組織工作的山本優美，她告訴了我關於她曾祖母中地シゲヨ（Shigeyo Nakachi）的事，中地當時以一一五歲高齡成為世界上第五長壽的人，也是優美的榜樣。優美從訪問日本超級人瑞中注意到，他們全像她的曾祖母一樣，都對老化抱持正向態度，而且對家人的讚賞和尊敬懷抱深切感激。

優美的老闆是名叫羅伯特．楊恩（Robert Young）的美國人，近十六年來，他都在替「金氏世界紀錄」驗證世界上最長壽在世人物的年齡，這是很繁重的工作，需要在世界各地進行許多仔細偵查的工作。因為人類不像樹木有年輪可以判定，他的時間用在追蹤古老的照片證件、出生紀錄和陳舊發霉的結婚證，好驗證歲數。當我問羅伯特日本得以長壽的秘密是什麼時，他會心一笑，彷彿早就料到會有這個問題。「文化，就是文化。」他告訴我日本的儒家根源，上千年的儒家思想促成日本對最長壽成員的深切尊敬，並廣泛讚賞他們的忠告和得之不易的見解。

我們發現在有正向年齡信念的文化中，通常是從上往下延伸。在日本，不只是老年人對老化的感覺良好，日本的兒童也被教育要享受並期待和家裡長輩相處的時光。孫子女通常和祖父母住在一起，或是住在附近，彼此建立特別的羈絆，孩子看的民間故事有許多角色是老人，他們散發出一種富有感染力的快樂和滿足感。這些故事裡的老爺爺老奶奶都刻劃成慈祥健康的人，而且通常是美好結局（美國和歐洲一些受歡迎童話提到的老年角色就明顯不同，例如《糖果屋》（*Hansel and Gretel*）[82]的反派就是想要吃小孩的老巫婆）。

儘管日本和其他地方一起演變和現代化，但因為日本曾是封閉社會，所以比美國或加拿大等文化較為異源的國家，保存了更多傳統文化的元素。這些傳統文化對日本人的思考和生活方式產生了深遠影響。

日本文化是「集體主義」，這表示日本個人被視為相互依存，並深植在較大的社會之中。而另一方面，像美國這樣的「個人主義」文化則重視社會成員的自主獨立。

文化心理學家漢茲爾・馬克斯（Hazel Markus）和北山忍（Shinobu Kitayama）舉育兒例子呈現文化鴻溝：「美國父母勸小孩吃晚餐時，喜歡說：『想想衣索比亞挨餓的孩子，要感謝你跟他們不一樣。』日本父母則喜歡說：『想想辛苦耕種稻米給你吃的農夫，你不吃的話，他會很難過，因為他的努力就白白浪費了。』」或是想想日本和美國公司激勵員工的方式，德州一家公司為了提高生產力，要員工每天上班前照鏡子說「我很出色」一百次。而紐澤西日資超市的員工則接到指示，要握手告訴對方「你很出色」來展開一天的工作。一個文化把自我視為「個人」，另一個則是把自己視為「較大網絡的一部分」。

這個互相依存，繼而促進和支持正向年齡信念的文化，在威廉・喬比克（William Chopik）[83]和林賽・艾克曼（Lindsay Ackerman）[84]檢視六十八個不同國家、人數高達百萬的研究中，他們發現集體主義文化的成員比較少表現出明確及內隱的年齡歧視，比較尊敬長者。從我們的研究發現，正向信念預示了較長的壽命。

長壽方程式

那麼對於「長壽」而言，這些文化觀察讓我們了解到多少年齡密碼的事呢？為了思考不同的成分是如何交錯，我想提出一個長壽方程式：

$$\mathbf{L = f(P, E)}$$

在這個方程式中，長壽（L）是人（P）和環境（E）兩者組成的函式（f），其中P包括個性和基因，而E包括實體和社會環境。年齡信念始於環境，但後來被人們吸收，換句話說，它是個人和個人所在文化的共同努力。這種環境能夠傳達對老年人的欣賞，或是在結構性年齡歧視中，傳達老年人污名化的情形。

「金氏世界紀錄」首席長壽專家羅伯特．楊恩在佛羅里達出生，但從小就和日本一樣，對老人有深切的感情。三歲時，他最喜歡的舅公過世了。媽媽告訴他：「因為他老了。」羅伯特說：「當時我決定，我要先跟老人做朋友，因為他們會比較快死。」一年後他四歲，羅伯特記得他在當地新聞看到一名一〇八歲的老太太，感受到一種他稱為「讚嘆的時刻」，他好奇她是怎麼比他舅公多活了那麼久，於是開始著迷於世界各地的壽命模式。青少年時，他會剪報搜集關於人瑞的文章，然後寫信給「金氏世界紀錄」，告知他認為誰可能是世界上最長壽的在世人物。

這不僅僅是記錄超級人瑞生活的熱情，羅伯特很快就了解到，這些人是和過去的活生生連結，他們的故事、幽默和看待世界的方式已愈來愈罕見——以及可貴。例如，在職業生涯早期，他認識了住在密西西比、一一五歲的貝蒂·威爾森（Betty Wilson），見證到栩栩如生的歷史。她辛酸地告訴羅伯特，她是奴隸的女兒，在重建時期的美國南方長大。她告訴羅伯特自學識字和寫字的事、吉姆克勞法（Jim Crow law）[85]時期的暴行，還有支撐她度過人生的韌性和希望。她把手杖遞給他，經過一世紀溫暖雙手的觸握，手杖的把手已被磨得光亮，她告訴羅伯特，這是她被奴役的親戚雕刻的，每一天，她的祖先都在協助她走過世界。

正向的年齡信念對壽命有雙重好處，除了可能比較長壽外，這些信念提供的各種回報使長壽的人更有可能過著充實且富有創造力的生活。

第七章　白日隱而不見的星辰：創造力和感官

並非一體適用

不久前，我的小女兒從大學回家過週末連假，她激動地跟我們談論她剛選定的學習領域。她決定主修哲學和認知科學，臉上散發出一種剛皈依的興奮光彩。晚餐時，為了解釋這些領域如何對世界觀產生影響，她拿了麥克筆和餐巾紙，畫下兩個不同的菊花形狀（如下圖），一個有六片大的花瓣，另一個同樣六片，但花瓣較小。「中央的圓圈哪一個比較大？」她問。

我毫不遲疑點了右邊的圖，中央的圓圈看起來有另一個的兩倍大。女兒微微一笑，拿起餐巾紙，在兩

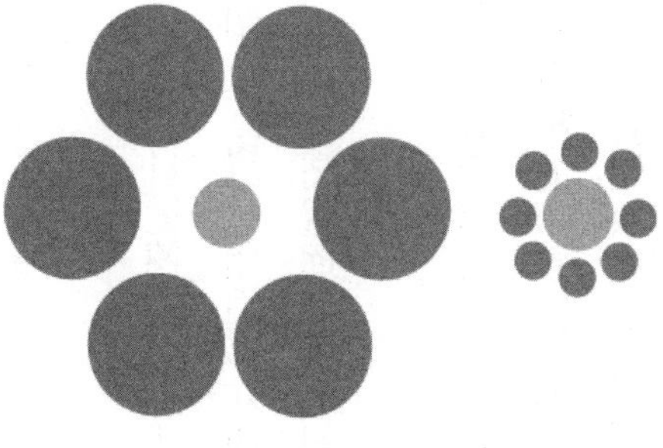

個中央圓圈畫上斜線測量直徑，接著她折起餐巾紙，讓兩組斜線相鄰，結果發現斜線一樣長。換句話說，圓圈的大小一樣。

或許你很熟悉這種「視錯覺」（optical illusion），但我不是。自從德國心理學家赫爾曼·艾賓浩斯（Hermann Ebbinghaus）[86]首次演示這個視錯覺，兩百多年來已有一大堆人被騙，我也是其中一人。現今，它仍被用來說明在我們處理周遭資料時，大腦可能落入的陷阱。

我喜歡這種特別的錯覺，因為它說明了我們的感知是如何受到環境影響。在這個例子中，花瓣大小影響了我們感知中央圓圈的狀態。另一件有趣的事是，兒童經常對此免疫。換句話說，錯覺是我們經年累月應對世界而得到的感知缺陷，對於背景和環境最為敏感的成年人身上，這種錯覺尤其強烈。

社會心理學有一個顛覆的小小分支領域，稱為「新風貌」（New Look），研究我們對物體和事件的看法是如何經常受到看不見的社會和文化力量影響。新風貌由心理學家傑羅姆·布魯納（Jerome Bruner）[87]提出，他先天失明，雙眼患有白內障，直到兩歲時才恢復視力。他有生之年都致力於了解我們感知世界的方式，他在一項知名研究中指出，相較於富裕背景的孩子，在貧困出身的孩子眼中，硬幣看起來比較大。這顛覆了傳統的感官和感知研究，因為長久以來，甚至直到現在也是，都認定我們是以堪稱客觀的方式在處理世界的資訊。但事實證明，我們的信念和經驗不只決定了我們是誰，也決定了我們實際上怎麼去看這個世界。

美國社會心理學家先驅索羅門．艾許（Solomon Asch）[88]在極為有名的一組實驗中發現，我們對物體大小長度的感知可能會受到同儕壓力和我們順應的欲望而影響。在使用腦部掃描的後續研究中得知，人們在社會壓力下作判斷時，並非只是假裝以不同方式看待事物好「適應」，而是社會壓力改變了我們感知物體大小長度的大腦部位。

我發現年齡信念也會影響感知，參與者被內隱促發年齡刻板印象後，閱讀一段短文，文中描述一位七十三歲的虛構婦人會想像一個人和一個物體（捏縐的紙巾），認為兩者看起來像動物。接觸到負面年齡刻板印象的人通常會把她的白日夢視為失智的徵兆，而接觸到正向刻板印象者往往將其看成是創造力的象徵。

年齡信念是否可能不只影響到我們的感知，還影響了我們使用聽覺及創造過程等感官系統的能力呢？本章接下來的內容將探討這些連結。

聽覺文化

在一九八〇年代，一位名叫馬可仕．葛易庫拉（Marcos Goycoolea）的智利耳外科醫師前往復活島，他來到這個以巨大頭部「摩艾」（Moai）石像聞名的島嶼調查另一件秘密：復活島上年長居民的聽力。他發現相較於在南美大陸住過一段時間的人（智利在一八八八年併吞了復活島，有很多島民移民到大陸），在復活島度過一生的人的聽力比較好。葛易庫拉認為可能是因為日常噪音程度明顯不同：復活島偏遠寧靜，就在太平洋中央；智利則快速都市化，充斥機械的噪音、汽車喇叭聲以及城市生活的喧鬧聲響。

只是，看到他的研究結果時，我卻突然想到這種聽力優勢可能有不同的解釋。會不會有可能是年齡信念產生作用？當我梳理人類學家的文獻，我發現太平洋島民傳統上擁有正向的年齡信念，而南美洲人的年齡信念則是逐漸轉為負面。

為了試驗我的理論，我們訪談了來自紐哈芬區的五百多名長者，護理師帶著會在耳道內發出一系列嗶聲（代表日常使用的音調範圍）的手持聽力檢測儀，前往參與者的家中訪視，要求參與者聽到嗶聲時舉手。我們發現在研究開始時，持有正向年齡信念的長者隨後三年聽見的嗶聲，比負面年齡信念者多。事實上，年齡信念最負面的參與者跟最正向的參與者相比之下，三年間聽力下降了12%。年齡信念對聽力的預示，大於抽菸等已知因素。晚年感官感知能力的改變經常被認為只由生物學層面決定，但這裡的證據顯示，文化也會影響這些改變。

此後，其他研究者也得到了同樣的結論，其中一項研究中，心理學家莎拉・巴柏（Sarah Barber）隨機指派年長參與者閱讀兩篇文章之一。第一篇文章是關於年輕人用耳機聽高音量的音樂而造成聽力損失；第二篇（錯誤）文章中，參與者則讀到所有老年人都會損失聽力。與閱讀第一篇文章的人相較，閱讀第二篇文章的人後續出現聽力問題的狀況較多。

聆聽舊日傑作

不只是復活節島的玻里尼西亞文化突顯出年齡刻板印象和聲音的關聯，流行音樂也充斥著老化的恐懼（像是滾石合唱團〔The Rolling Stones〕的〈變老真討厭〉〔What a drag it is getting old〕，米蘭達・蘭伯特〔Miranda Lambert〕的〈重力就是賤人〉（Gravity Is a Bitch），誰合唱團（The Who）的〈我希望在變老前死去〉（I hope I die before I get old）。但也有許多音樂次文化支持正向的年齡信念，這也就是為什麼很常見到年長的音樂家，像是爵士大師桑尼．羅林斯（Sonny Rollins）和艾倫．圖森特（Allen Toussaint），在邁入七十與八十大關時仍屹立於舞臺上。事實上，音樂領域充滿愈陳愈香的表演者，八十二歲的創作歌手瑪維絲．史黛波（Mavis Staples）就在晚年時發行了創紀錄的流行專輯，還有作曲家艾略特．卡特（Elliott Carter）在九十歲時經歷了創作力的新爆發（創作了個人第一部歌劇），持續到一〇三歲辭世。我個人最喜歡的音樂家李歐納．柯恩（Leonard Cohen）也是如此，他在八十二歲發行了傑出美妙的最後一張專輯《你想要它更黑》（*You Want It Darker*），並雄踞排行榜數星期。

有這麼多晚年成功的例子，許多音樂家並不遵行將老化視為感官和認知衰退軌跡的說法，或許這就是他們為什麼在晚年比非音樂家的聽力更好的原因。年長音樂家在充滿噪音的環境（像是在非常嘈雜的餐廳）聆聽談話的能力，比非音樂家高40%，而平均七十歲音樂家的聽力和平均五十歲、非音樂家的人相當。

這種年老聽力的優勢似乎和年齡信念有關，音樂家認識許多同領域的年長榜樣，敦促他們即使年紀增長，也繼續努力表演。音樂經歷以及像賞鳥這種以積極方式與聲音產生互動的認真追求，都會用到大腦中解釋跟理解聲音的部位，因此提升聽力，並進而強化正向年齡信念，也難怪有這麼多年長音樂家可以打著拍子、寫下音符，直到人生最後一刻。

西北大學聽覺神經科學實驗室主任妮娜・克勞斯（Nina Kraus）閒暇時會彈奏電吉他，她發現到音樂涉及的不只是聽力。從事音樂會運用到大腦、注意力和記憶，以及我們的感官與認知系統，由此產生的大腦改變在常做音樂的人身上更為深刻。妮娜指出，這可以是任何樂器、任何形式的音樂（包括唱歌），而且跟擅不擅長無關。在她的研究中，芝加哥的職業藍調音樂家和業餘口琴手具有同樣的大腦優勢，而且還發現，在晚年首次做音樂對大腦和聽力有益。妮娜說，年長音樂家不只更善於聆聽音樂，他們的大腦也更善於處理不同類型的聲音；而音樂家一生培養的技能，像是在嘈雜的環境分離出不同聲音的能力，可以在基於電腦、為期六週的聲音訓練中讓人學會，這樣的介入訓練也可以顯著改進長者的聽力。

妮娜並未研究年齡信念或是它對大腦聽覺的影響，但她說，從環境得來的正向年齡信念可以為晚年帶來更好的聽力，或許也能改善其他感官，這樣的看法符合她的研究；而如果信念降低壓力，加上鼓勵從事音樂，這種情況尤其可能發生。

有意義的跨世代活動，像是一起從事音樂，也可以強化正向的年齡信念。我的先生在社區管弦樂團拉小提琴，和不同世代一起演奏。我女兒從小就參加跨世代室內樂團體演出，成員包括她們本身就是專業音樂家的祖父母（雖然我的音樂技能僅限於敲出兒時學會的幾首簡單鋼琴曲調，我還是很享受聆聽家人練習和演奏）。當年少和年長音樂家一起彈奏時，音樂家很自然就會仰慕團體中累積了豐富經驗和專業技能的人。

「從未如此金黃燦爛」：年長的感官

西方世界慣用的文化邏輯是，年少時樂於接納新事物，具有可塑性，而隨著歲月的風霜，我們變得強硬，變得頑固無情。但如同英國布克獎得主作家賴芙麗（Penelope Lively）在八十二歲寫道：

我跟過去一樣，充滿活力地感受這個世界——所聞所見及所感覺到的一切都讓我覺得有朝氣。我陶醉在春天的陽光裡，陶醉在花園中奶紫色的聖誕玫瑰裡；我聽電臺討論篩選性人工流產的倫理問題，並在重點上插嘴；電話傳來的親人聲音讓人油然喜悅。我覺得老年有浩瀚的改變——感性的蛻變……春天從未如此充滿生機，秋天從未如此金黃燦爛。

一如她姓氏的英文原意，賴芙麗生動地（Lively）描述了一個激起感官和觸覺的絢麗世界。她有四十多本著作，其中四本在近十年間完成，而兩本是回憶錄，表示老年對她來說，不光只有豐沛的感官體驗，也是內省和充滿生產力的篇章。

如同瓊恩．艾瑞克森（Joan Erikson）[89]在她八十八歲出版的著作《智慧與感官：創造力之道》（*Wisdom and the Senses: The Way of Creativity*）中指出，老年時的創造力既仰賴感官，又轉而滋養它。她在維也納認識未來的丈夫艾瑞克（Erik）時，還是職業舞者，整個人生都用在深切思考藝術和創造力，以及兩者在人類發展中的角色。

人要如何在整個生命週期間，對自己作出最好定位，以便支持、維持甚至增進感官敏銳和有活力的可能性？哪些活動促進了必要的參與，而且也是普世皆通、歷史悠久讓生活豐富的方式？答案當然是一般的創造活動，尤其是人生中所有藝術導向的創作和執行，都會提供這種滿足感。

根據賴芙麗和瓊恩・艾瑞克森的這些觀察，我相信晚年的正向年齡信念、創造力和感官經驗之間可以存在一種良性循環，因此我想讓各位認識南希・瑞吉，來了解我的意思。

找到迷宮的中心

南希・瑞吉（Nancy Riege）是六十三歲的藝術家，住在地名宛如虛構的佛蒙特州東北王國。我們對談時正值二月，美國東北部覆蓋著厚厚白雪，而南希從小就很喜歡在下雪的日子從學校下課回家。冬天是她最喜歡的季節，她發現此時可以安靜沉思，寒冷會帶來精神的振奮，她近三十年來都在製作迷宮，打造讓人冥想的環形步行路徑。

她說，這些迷宮滿足了現代大部分社區並未經常得到滿足的需求，這是讓步行者沉靜下來，聆聽個人的寂靜，找尋中心的一種路徑。在冬天，她從雪地雕鑿迷宮，她解釋說「兩個雪鞋的寬度」，為選擇走進迷宮的人留有許多空間；夏天時，她在草地上刈出迷宮，並在路徑上撒落火雞羽毛。

在我們談話時，南希已為佛蒙特州格林斯博羅（Greensboro）小鎮[90]的居民建造了五座迷宮，這是她同時打造最多座的一次。她最近做的迷宮在地方小學的前方，五、六年級的學生從教室窗戶看她在一週內做好迷宮，接下來的一週，大家跟不同年齡的人在裡面享受漫步時光（我們將在後記再度回到格林斯博羅的迷宮步道）。

數千年來，在爪哇、澳洲和尼泊爾等截然不同的地方，可以見到迷宮裝飾在硬幣、岩石畫、田野、盆罐和籃子上。許多傳統中，迷宮和祖先有著強力連結，迷宮作為通往祖居或祖先的象徵路徑。

當南希描述她的工作時，我想到西藏僧侶小心翼翼以彩色細沙製作錯綜複雜幾何圖形的曼陀羅沙畫[91]。這些沙畫有時製作需要三年，而僧侶在完成後將它毀去，以提醒生命的無常。南希受到同樣原因的吸引而開始製作迷宮：迷宮通常持續幾星期，頂多一季，這使她扎根於當下。她知道有些人會用沉重的石頭砌出迷宮，但她喜歡自己從雪地犁出下次積雪吹來就會消失的迷宮。

南希幾乎不可自拔地被「中心」這種神秘的概念吸引，她最早決定的是迷宮的中心，「我漫步在那個區域，閉上眼睛，有如在身體裡感覺中心所在之處。」然後，她環視四周，「感覺土地、地形、坡度和風向，附近的聲音及外在限制。」接著再度行走其間，不時閉上眼睛，來選擇迷宮路徑的方向、大小和轉向，她描述自己的創作過程是非常直觀的。

我們對話到一半時，我問起南希的童年，她很快就提到了祖父母。「我深受吸引的特質、我需要的東西，像是平衡、沉靜、就這麼**存在**，都是我祖父母大量擁有的。」她愛她的父母，卻經常發現自己希望父母能夠放慢腳步，走下「倉鼠輪子」（hamster wheel）[92]，她承認「他們必須謀生」，但發現他們對生活的應對方式和住在附近的祖父母極為不同。儘管祖父母也很忙碌，他們為當地一家孤兒院管理志工組織，「他們不會到處奔波，嘗試做這麼多事，只是安於存在。」因此，她很高興地談到自己隨著歲月而更像他們。

南希隨著年紀增長，愈來愈著重在對稱性和平衡性，迷宮通常由蜿蜒穿過相傍圓圈的路徑而組成，這兩個性質是其中重要的考慮因素。而她發現，她的迷宮愈做愈好，心想這是不是和她變成什麼樣的人有關——變得更像她的祖父母，他們找尋貢獻社區的方式，熱愛待在戶外，「就這麼待著，只是更加活潑。」

我們第一次談話後不久，南希寄給我最近的迷宮照片，並說明她如此重視長者的後續訊息，是因為他們「能夠克服我們因應世界時所學會行走其間的界限、牆垣以及『規則』，在長者身上，我看到忘卻那些不成文規則的希望，那些讓我們分離真正自我和我們真實存在的規則。」她最後以本篤會修士大衛・史坦德拉斯特（David Steindl-Rast）[93]的話為便箋作結：「願你變得足夠沉靜，能夠聽到單一雪花在空中的擾動，這樣內在的寂靜就可能轉為悄然的期待。」

「老年風格」與生活體驗的深井

當六十八歲的美國詩人亨利・華茲華斯・朗費羅（Henry Wadsworth Longfellow）[94]受邀在鮑登學院第五十屆同學會上說話時，他朗讀了一首他為這次聚會寫的詩：

太遲了！哦！什麼都不會太遲
直到疲憊的心停止悸動……
喬叟在夜鶯相伴的伍德史塔克，
六十歲時寫下坎特伯里故事集；
歌德在威瑪，辛勤到最後一刻，
完成《浮士德》，八十年的歲月已然過去……
所以呢？我們應該無所事事坐下來說
夜晚到來；白日不再嗎？……
還有我們可以做可以挑戰的事；
即使最老的樹木都可能結出一些果實……
因為老年仍舊是機會
相較於青春本身，只是穿著另一套衣裳，
隨著暮光漸漸消逝
滿天是白日隱而不見的星辰。

即使這首詩寫於一百五十年前，它的主張和關注點仍感覺很當代。對於老年是機會已遲的時期，朗費羅對此提出溫和卻堅定的異議，他反倒認為，機會能夠以一種新形式首度變得清晰可辨。

加州心理學家迪恩・西蒙頓（Dean Simonton）致力於研究晚年的創造力，他在跨時間和跨文化調查他所稱的「創意」時發現：「射中靶心和總射擊次數的比率，隨著年齡增長仍保持不變。」換句話說，創造性工作的品質在我們這一生中維持不變。而且，其中出現許多他稱為「大器晚成」，即在晚年達到「創意」高峰的例子。這多少取決於個人選擇的領域，因為在理論物理和純數學等方面往往是早期達到高峰，然而在歷史和哲學這種建立於累積知識的領域，則偏向於晚年高峰。例如，哲學家康德（Immanuel Kant）[95]的最重要作品中，許多是在他五十多歲和六十多歲時完成的。

年長的一個明顯優勢是「經驗」。美國小提琴家阿諾・史坦哈特（Arnold Steinhardt）注意到，他和瓜奈里弦樂四重奏（Guarneri Quartet）的表演同伴隨著年紀增長，變得對作曲家的情緒更為敏感，而這與科學家目前的研究結果一致：年紀愈大，就愈善於理解他人的情感。在這四重奏的職業生涯中，他們演奏了數百次尤其讓人激動並縈繞心頭的作品：舒伯特（Schubert）[96]的〈死亡與少女〉（Death and the Maiden），這是舒伯特一八二四年的創作，當時已接近他辭世的一八二八年。在史坦哈特聆聽他們相隔二十年錄製的兩次錄音時，他注意到音樂家的詮釋方式有顯著的進步，隨著歲月，四重奏開始放慢第三及最後樂章的節奏，更適切捕捉這位來日不多的作曲家的想法。「經過這麼多次表演後，我們仍舊在進步。」史坦哈特思忖：「這要說是鼓舞人心，還是令人沮喪呢？因為我們演奏了這麼久，卻沒有聽出像是正確節奏的明顯事物。或許現在的節奏能夠出現，只因為它是先前每一次演出的自然產物。」

藝術史學家和創造力研究學者發現老年風格的證據，稱為「Alterstil」，這包括「技術、情感基調和創作主題的激烈改變」，一般認為其特徵在於戲劇感增強、更本能的技術手法、擴大見解，以及對直覺與無意識的倚賴。如同美國藝術家班・夏恩（Ben Shahn）在六十六歲時所觀察到的，人們在創造過程中對內在人生的意識不斷增強，他的畫作愈來愈「來自最遙遠和最深處的意識，因為在這裡，我們是獨一無二、至高無上的，並且知曉一切。」

米開朗基羅（Michelangelo）[97]相隔五十年所雕刻的兩座聖殤像，有助於說明這種「老年風格」，以及往往隨著年齡增長而增強的創造力。二十三歲時，他雕刻了一個聖經場景，這座雕像陳列在梵蒂岡聖伯多祿大殿[98]入口，刻劃年少的瑪利亞將死去的聖子耶穌懷抱在膝上，耶穌垂掛在她的雙臂之間。

身為經驗豐富的藝術家，米開朗基羅感覺到年齡信念賦予他力量，他在晚年時說出了一句名言：「我仍在學習。」（Ancora imparo.）他七十二歲時以非傳統方式雕刻了同樣的場景。「佛羅倫斯聖殤像」（Florentine Pietà）下方三分之二處是三個交纏的人物：耶穌、瑪利亞和抹大拉的馬利亞，而上方三分之一處是一名老人。老人站在身後支持這三者，是一個自我寫照，米開朗基羅打算用這座雕像裝飾自己的墓地。在第一座聖殤像中，瑪利亞低頭凝視耶穌，臉上不見悲色。在第二座聖殤像中，瑪利亞心神不寧扶著耶穌，她無法獨自辦到，老人幫著她；而她也並非獨自悲傷，雕像人物的身體和情緒交織在一起，這座雕像更溫柔且更人性化的呈現愛與悲傷。

約瑟夫．透納（Joseph Turner）[99]是十九世紀英國風景及海景畫家，以對海洋和光線的生動描繪而聞名，他在晚年也印證了洞察力的擴展。根據他傳記作者的說法，年過六十後，「透納的視野愈發寬廣，較不具體細微」，因為「逐漸不屑於瑣碎細節」，帶來「透納晚年畫作的宏偉氣勢」。

攝影家喬・史賓斯（Jo Spence）[100]是在五十多歲時轉移拍攝的重點，從婚禮照片等商業攝影轉向具開創性、面對較大社會議題的記錄攝影，像是醫療人員的偏見。在回憶錄《把我自己放入照片中》（*Putting Myself in the Picture*），她描述了自己身為年老女性的住院經驗。一名醫師帶著一群亂哄哄的醫學生來到她的病床邊，看了她的病歷。向學生宣布了她的癌症裁決後，不發一語在她的左胸畫了叉，表示應該要切除。史賓斯後來用相機來應對和抗議醫師對待她的方式，彷彿不把她當成人類。她拍了一系列的裸體自拍照，包括一邊胸部被打了一個叉，身體潦草寫著一個問題：「喬・史賓斯的所有物？」

美國心理學家詹姆斯・潘尼貝克（James Pennebaker）在具有里程碑意義的語言分析中發現，認知複雜性會隨著作家的年齡而增加。這項研究是針對近五百年、十名知名英文詩人、劇作家和小說家（男女作者人數相等）的創作，潘尼貝克分析作者在語言上的使用，研究表現出「後設認知」（metacognition）[101]的文字，即顯現作者認知中的認知，像是「意識到」這種表達。他得出結論，多數作者在語言使用與年齡之間有「相當明顯」的關聯。潘尼貝克指出美國詩人埃德娜・聖文森・米萊

（Edna St. Vincent Millay）[102]和英國小說家喬治．艾略特（George Eliot）[103]，作為年齡增加認知複雜性的有力例子，兩人都強烈展現這種隨著年齡而來的進步，儘管這兩名女性的「寫作的文學體裁、所在國家與世紀」都不一樣。

同樣地，心理學家卡洛琳．亞當斯普萊斯（Carolyn Adams-Price）發現到，年長作家通常更直接表達情感意義，然而年輕作家則偏向文字意義。她在不透露作家的年齡下，請一個老少成員均等的小組評判十多個作家的作品。小組成員無論老少，都評斷年長作家寫得更好、更有意義，也表現出「更移情的共鳴」。亞當斯普萊斯的結論是，或許，「晚年寫作反映了晚年思考的正向層面：具備綜合性、反思，甚至是智慧。」

重塑

許多年長藝術家在晚年重塑自我，往往激起成功的迴響。鋼琴演奏家阿圖爾．魯賓斯坦（Arthur Rubinstein）[104]發現自己無法如往常那樣在琴鍵上飛快移動手指後，改變了對音樂的詮釋手法，他藉由改變樂句來彌補，他在張力時刻來到之前放緩節奏，然後加速到樂句的高點。美國素人藝術家安娜・瑪麗・羅賓森・摩西（Anna Mary Robertson Moses）[105]素以「摩西奶奶」聞名，摩西從事刺繡直到七十多歲，卻因為手指罹患關節炎而轉向繪畫，她每一天都作畫，直到她一〇一歲生日，在晚年的長期生涯中創作了一千多幅畫作。法國畫家馬諦斯手術後無法站在畫架前，在人生最後十年中，從繪畫轉向以剪刀創作出色彩繽紛、熱情洋溢的剪紙藝術，他稱這種重塑為「我的第二人生」。大部分的藝評家認為，這是他最燦爛的藝術篇章之一。

美國心理學家霍華德・加德納（Howard Gardner）在分析「改變世紀方向」的七名年長創作家時，描述他們是如何全都在晚年做了深刻的轉變。例如，佛洛伊德從撰寫醫療病案研究，轉向更廣泛研究文化和文明的觀念。瑪莎・葛蘭姆（Martha Graham）[106]重新塑造美國舞蹈，並幫助現代舞呈現更具情感的表達，她七十五歲從舞蹈界退休，隨後在七十九歲時，以舞團導演和編舞者的身分重返舞壇，在藝術形式上留下同樣深遠的遺產。

藝術家往往會在職業生涯即將結束時重新煥發活力，這種現象有時被稱為「絕唱」（swan song）。美國作家亨利・羅斯（Henry Roth）[107]二十八歲時的第一部作品《就說它是睡著了》（*Call It Sleep*）十分成功，但他後來出現寫作障礙，在接下來的四十五年間完全沒有作品，直到七十多歲及八十多歲時才瘋狂創作了**六本**小說。他覺得寫作同時幫助他往後及往前看，讓他處理早期的遺憾及自己的死亡，如同其作品《擺脫束縛》（*From Bondage*）的主角所說的，晚年的寫作成為「一扇窗，探看我餘下的未來……我的生存和我的懺悔。」

正如我們在討論精神健康時所提到，隨著年紀增長，情緒智力和有意義地進行生活省思的意願都會增加。當我們在晚年把找尋或創造意義的動力轉化為更新或改進的創意輸出時，上述現象會提供強大的電流，刺激我們創作的脈動。

莉茲．勒曼：天才舞者

美國舞蹈家及編舞家莉茲．勒曼（Liz Lerman）六十九歲時，開始尋求創作環境的改變，她對丈夫開玩笑說：「我必須換工作、換房子，或是換掉老公。」她留下老公，但換掉了另外兩者，她橫越美國，從馬里蘭州的巴爾的摩搬到亞利桑那州的鳳凰城，並在亞利桑那州立大學成為舞蹈教授。從此之後，她就一直在思考、參與跟協助他人找到自我的創造力。莉茲繼續闡明，我們不需要做出重大生活改變才能激發創造力，我們可以改變，或擴大我們和人的連結。

我讀研究所的時候上過一次莉茲的舞蹈工作坊，那次工作坊極為創新、充滿能量，後來我的書桌上都擺著她的照片，是她三十多歲時和三名年長舞者的合影。因此，當她同意和我談談她的創作過程時，我感覺像是在跟陪伴我寫作的老朋友談話一樣。

莉茲以「重新定義舞蹈的進行地點和舞蹈者」贏得了麥克阿瑟基金會[108]的「天才獎」（genius award），這是正向年齡信念和創作活動產生協同作用的縮影。她從本寧頓學院（Bennington College）[109]畢業後不久就開始和資深舞者一起跳舞，並在承受喪母的深切哀痛期間，為年長舞者完成了個人的第一個重大編舞作品，她把哀傷融入舞蹈，想像古老天使歡迎她的母親進入天堂，讓年老舞者演出天使。「我不知道它會受到歡迎。」她告訴我：「我只是認為我需要做這個作品，我需要老人加入。」只是，一旦開始為資深長者編舞，她就未曾停止。她在華盛頓特區成立了一個名為「舞蹈交換」的舞團，以重視個人故事、公共參與和跨世代舞者而聞名於世。相較之下，由於年齡歧視的壓力，西方國家大多數的職業舞者都在三十五歲前退休。

自此之後，莉茲聚集了無數來自各年齡層的人前來跳舞——包括從未跳過舞和從未停止跳舞的長者。與其說是教導他們完美的技巧，不如說她追求的是舞蹈對於人的身體和自我感受所帶來的放鬆、原始和愉快的感受。「通常就像這樣：『哦，老天，看看我做到了什麼！』」莉茲開心地高喊。而對於這兩種舞者，莉茲相信跨世代舞蹈有助於他們加強年齡信念，相信長者對社會能作出有意義的貢獻。

「年長舞者具有其年齡獨特的動作。」莉茲解釋：「當一個人的動作與想法及情感達到和諧時，配合身體固有的個人動作語彙，就會產生難以置信的美好。」

湯瑪斯．戴爾（Thomas Dwyer）是八十五歲的舞者，近三十年來都是莉茲舞團的成員。他終生都是保守派共和黨人、海軍退伍軍人（職業生涯大多是擔任船上摩斯電碼〔Morse code〕[110]的操作員），身高一八〇公分，形容自己像是「沒有肌肉的四季豆」，承認自己不太像是舞者：「當人們見到我跳舞，有助於他們了解任何人都能辦得到。」他第一次的舞蹈工作坊是在弟弟慫恿下成行，他弟弟偶然報名參加工作坊，認為這是一種運動課程，後來兩人很快都上癮了。

湯瑪斯最愛的舞蹈作品是《仍在橫越》（*Still Crossing*），以移民為主題，由年老舞者緩緩滾過舞臺展開舞蹈，莉茲形容這是「我祖父的幽魂——是出現在我們每一個想像中的每一個移民。」終場時，所有年齡層的舞者都在舞臺上，包括十多名年長舞者，這個作品首次演出是在自由女神像旁。在另一支舞蹈中，湯瑪斯身著內衣，雙腳放在椅子上，做了一套六十下的俯地挺身，而事後總會有人來找他，對於見到他這種年紀的人做出這樣的動作表示驚訝。

莉茲曾在東京參與一項藝術進駐計畫，結合了年輕職業舞者和首次跳舞的年長日本人，她在此注意到，日本的年長舞者進入工作室時，不會像她見過的年長美國人般立即貶低自己。在美國，「貶低老人的訊息無所不在，它們讓老人有如樹葉往內捲一般往內縮。」她舉起一隻手往內捲，身體跟著往內，彷彿一片快速皺縮枯萎的樹葉。「除非讓他們跳舞。」他們便繞過所有負面訊息，產生了變化。她再次舉起手：「想像一下這片葉子，葉子沒有變黃變脆，想像水流過、滋養，葉子軟化舒張，並且往外擴展。」

不過舞蹈能改變年老舞者，並非只是藉由重新思考和身體的關係，而是跨世代因素改變了他們對於潛力的感受。跨世代舞蹈能夠運作良好的原因之一是，六十多歲和二十多歲的人實際上有很多共通點，莉茲說：「就某方面來看，這是因為他們都處於人生的改變階段，思考著重要的問題：『我要往哪裡前進？我有生之年要做什麼？』這些問題產生了重大影響。」年輕人即將完成高中或大學學業，老年人準備圓滿結束職業生涯，或是正在改變生活的安排。而當他們一起跳舞，「他們就變得非常親密。」莉茲如此說道，關於老年的負面刻板觀念隨之打破。

莉茲說，許多人聽到跨世代，就立刻想到幼兒園小孩和爺爺奶奶，但她認為，在年輕和年老的成年人之間有一種特別的密切關係，許多年輕人尋求愛與支持的來源，而許多長者則在尋求分享這些事的方法。莉茲看過無數年輕人發現自己在長者的實質陪伴和合作下產生改變，「因為他們感受到渴望已久的被愛方式。」莉茲相信，跨世代創作活動的美妙之處在於為不同年齡層的人們提供了許可及框架，讓他們能夠以覺得受到歡迎的方式一起合作。

莉茲現在七十三歲，發現自己處於一生中最有生產力的時期。她除了繼續教學，最近還設計了一個免費線上工具箱「創意圖集」（The Atlas of Creativity），以女性身體的刻板印象為主題編了一支舞（「邪惡身體」〔Wicked Bodies〕），並且和非裔美國人職業舞蹈團「都市荒野女」（Urban Bush Women）合作進行一個稱為「改變的遺產」（Legacy of Change）的計畫。數十年的經驗，讓她的掌握度和原創性更加深厚，而在教學、表演和合作之間，她還希望把舞蹈帶給愈來愈多從未跳過舞的人。隨著年紀增長，她經常思考如何協助追隨她的人：「遺產不只是回顧，也是展望。」

要往前邁進，重要的是要考慮阻礙長者發揮想要的創造力與生產力的障礙，這是我們下一章的目標。如同作家及社會評論家詹姆斯・鮑德溫（James Baldwin）[111]寫道：「並非所面對的一切都可以改變，但不面對的話，任何事都無法改變。」

第八章　年齡主義：邪惡的章魚

「年齡主義」的誕生

新聞記者卡爾・伯恩斯坦（Carl Bernstein）在揭發導致美國總統尼克森（Richard Nixon）[112]下臺的水門醜聞三年前，二十五歲的他先揭露了另一種不同的醜聞。在一九六九年一個多風的三月上午，這名年輕記者採訪了精神病學家羅伯特・巴特勒，詢問華盛頓特區近郊一處公寓改建為老人公寓的提案，引發當地居民敵意升高一事。巴特勒是地方老年諮詢委員會的負責人，最近才跟焦急擔憂本地會改變的鄰居進行過會談，他告訴伯恩斯坦，這種情緒來自於「他們不想看到可能癱瘓、沒辦法好好吃東西、可能坐在人行道邊緣，或是拄著拐杖把社區弄得亂七八糟的人。」

巴特勒住在同一個地區，認為這種醜陋負面的刻板印象，和種族主義及性別主義的刻板印象沒什麼兩樣，這兩種偏見給有色人種和女性貼上負面標籤，使得他們遠離了機會和權力，而這次的偏見朝向了年齡，剝奪了老年人同樣的權利。巴特勒稱它為「年齡主義」（ageism），這是首次有人為這個現象命名。

巴特勒在後來的開創性著作《為何生存？在美國變老》中，把年齡主義定義為「因目標對象年老而產生的系統性刻板印象或歧視的過程」。他意識到，年齡主義的兩個元素互相強化。負面年齡刻板印象導致年齡主義，接著啟動並強化刻板印象。到了最後，他寫道：「年齡主義讓年輕世代認為老人與他們不同，因此微妙地不再把長者認同為人類。」

當我和伯恩斯坦談話時，他回憶起和巴特勒的碰面是一個靈光乍現的時刻，過去在年長親戚受到惡劣待遇時，他就見識過年齡主義，卻從未把它想成歧視或是系統性的問題，不過跟巴特勒碰面過後，一切改觀。正如伯恩斯坦回想的：「從報導一群不想要老年人入住街坊的市民，變成一篇關於年齡主義現象的文章。這件事過後，我受到了影響，更加意識到它。這是對他人的恐懼，和恐懼猶太人、非裔美國人甚至是天主教徒沒什麼不同，都是一種歧視，基於恐懼和刻板印象而來。」感謝羅伯特・巴特勒，年齡主義的歧視現象終於暴露出來，不幸的是，五十年後歧視依然存在。

我們已探討過年齡信念對健康的深遠影響，現在，讓我們了解一下負面年齡信念如何以悄然、複雜且往往致命的方式，如章魚觸手般在社會層面運作。

年齡主義：悄然存在的流行病

人們時常輕描淡寫或粉飾年齡主義的危害，有時，當人們知道我的工作內容時會說，年齡主義並不是嚴重的議題，或說它不存在，甚至說年齡主義是老年人的錯，如同我最近聽到的說法：「年齡主義只是反映出老年人崩垮的一面鏡子。」淡化年齡主義，把老年人面對的偏見和歧視歸咎於老年人本身，更是加劇了這個問題。

當我在演講中問聽眾有多少人曾直接經歷或觀察到別人遇上年齡歧視，大部分人都舉手了。現今，82％的年長美國人表示經常遭遇到年齡歧視，而我在研究的每一個國家都發現了年齡歧視的例子。

年齡歧視對一些人來說仍不算問題，卻有這麼多人曾經歷過，這怎麼可能呢？

世界衛生組織最近一項報告得到結論：「人們沒有意識到機構性年齡歧視的存在，是因為機構的規則、標準和實行已存在多年，已被儀式化，而被視為『正常』。」

年齡歧視一個最隱伏運作的方式，就是忽視年老人士，只要看看年長者幾乎沒有出現在電影、廣告和電視節目中就可得知，而緊急公共政策議題的全國性對話、研究試驗，以及許多當代生活領域也都缺乏年長者的身影。

這種「忽視」在危機時期尤其顯著，因為老年人獲得協助的順位總被排在最後。在卡崔娜颶風（Hurricane Katrina）[113]過後，動物維權人士在二十四小時內就疏散了貓狗，然而許多長者卻被遺棄在家，面對不斷高漲的洪水，直到醫療團終於前來解救，有人甚至等上了七天。在新冠疫情的初期階段，40％的美國死亡人數來自療養院的老年人（即使只有不到1％的人口住在療養院），地方政府和療養院管理者未能提供適當的保護裝備、新冠快篩試劑，或是隔離地點，而這一切全是多數大學和學院的低風險年輕人所能享有的基本資源。

身為偏見目標的個人經驗

許多偏見依賴無形之物，偏執者往往否認自己是種族主義者，也拒絕接受種族主義的存在，性別主義者經常主張女性不再面對偏見，而我則經歷過否認反猶主義存在。

父母帶著我們全家從波士頓搬到英屬哥倫比亞大學附近時，住在溫哥華的猶太人並不多。在我轉入的二年級班級中，我是唯一的猶太小孩，老師要我站在大家前面解釋為什麼我們家不慶祝耶誕節，班上一個同學告訴我，因為我是猶太人，所以不能跟她玩，還有一群男孩把硬幣扔在地上，要我撿起來。

當我告訴媽媽這些事時，她只是安慰我，而向老師、同學家長提起這些事時，卻被告知這並不真的是反猶主義，只是文化上的誤解。這是我第一次遇到這種偏見的奇怪層面，人們會把它當成不是那麼嚴重的事情，並試圖忽視它的存在。

童年時我做過一個惡夢：我穿梭在黑暗森林中，狂吠的杜賓犬領著納粹不斷追著我跑。我經歷的反猶主義微小衝突，與曾祖父母、祖父母在歐洲倖免於難的**真實**惡夢相比顯得蒼白無力，但我與這樣的恐怖只距離兩個世代，細節仍會出現在我的夢中。曾祖父當時住在立陶宛的猶太城鎮，小鎮被哥薩克人燒毀時，他是少數的倖存者；而我曾外祖母則是在十歲時因為躲在櫃子裡，驚險逃過對猶太人進行大屠殺的俄國軍人。

反猶主義對我來說是個人經驗，但我在學校面對的挑戰及我的親人在歐洲承受的苦難，同樣都源自於當權人士實行的結構性偏見。這些早期經驗讓我對於偏見的原因和表達的形式極為敏感，同時也深感好奇。我第一次在所處的體制背景中遇上年齡歧視是醫院的老年病房，那是我的第一份工作，而我感覺自己彷彿獲得了一個機會，能夠以兒時無法辦到的方式來對抗偏見。

年齡刻板印象的悖論

年齡歧視可說與現實常識相悖，讓我試舉一個思想實驗以說明箇中涵義：時間回到兩百年前，一直來到一八二〇年代，當時攝影術剛剛發明，世界各地都在鋪設軌道好配合蒸汽火車這種新裝置。現在，讓我們從這個泛黃懷舊的位置遙望未來，猜想年齡信念是會改善還是維持原狀，或是變得更加負面。為了給你一點思考上的優勢，我在此提示日後兩百年間所發生的一些趨勢：老年人的壽命更長，整體健康狀況也大幅改善，在人口中占據更大的比率，這表示有更多跨世代交流的機會；還有一系列禁止年齡歧視的法律通過，更重要的是，人們對於過去被邊緣化的族群將抱持更為正向的態度。

現在，你怎麼想？在隨後的兩百年間，年齡信念是改善還是維持原狀，或是變得更加負面？

根據這些趨勢，我會下這樣的結論：大部分的人認為年齡信念會變得更加正向。只是，實際狀況卻正好相反，在美國，對老年人的觀點開始變得正向，但隨後則以穩定的線性發展變得愈來愈負面。我的團隊發展出以電腦運算的語言學方法，有系統地檢視這兩百年間關於年齡信念的趨勢時，發現了這樣的現象（過去的系統性分析不超過二十年）。為了進行分析，我們藉由「美國英文歷史全集」（Corpus of Historical American English）的新資料庫，從印刷文稿檢視四億個單詞。負面年齡刻板印象的洪水從哪裡來的？為什麼在這一切的進步之中，它並未乾涸成涓涓細流？

年齡主義的原因：蜥蜴腦[114]與企業貪婪

負面年齡信念之所以頑強地繼續存在，有個人原因，也有結構性原因。儘管兩者截然不同，但都根深柢固。在個人層面上，有許多心理過程讓人不加思索就輕易表達年齡歧視，在結構層面，年齡歧視植根於機構和當權人士之中。

我們兒時早期就吸收了年齡刻板印象，這是個人層面年齡歧視的開端，遠遠早於它產生自我關聯性之前。在這個階段，我們毫不抵抗就接受這些刻板印象，而且因為表現出的人往往是我們信任的權威人士（老師、作家、家長），就很容易被接納為真理，進而成為我們整個人生中構想老年人的藍圖。

負面年齡信念填補了非老年的人在社會上所創造的心理需求，讓他們可以在年齡歧視文化中和老年人保持距離。迴避年長人士經常出入的空間，是保持距離的身體形式，而透過刻板印象將他們非人化，則是心理形式。有些年輕人感覺需要和長者保持距離，因為他們看起來像是令人害怕的未來的自己，這種過程勢必造成惡性循環，當負面年齡信念帶來老年虛弱的普遍感覺，呈現晚景堪憂的形象，這進而加強年輕人努力創造距離感，並強化他們的負面年齡信念。

然而，另一個年齡歧視的個人層面原因在於它往往是無意識中產生，所以即使人們自認公平正直，事實上可能也參與了年齡歧視。

讓問題更加複雜的是，負面年齡信念即使與經驗不符，也經常被人接受和表達，例如，即使人們知道長者其實和以往一樣靈敏，卻還是會拿他們的老態或無能開玩笑。

而年齡歧視的主要結構性動機在於，不管是經濟上還是作為保存權力的手段，往往都相當有利可圖，我以前的一位教授、人類學家羅伯特·萊瓦恩（Robert LeVine）說過，著手研究某個文化現象的一個好問題是：「誰從現狀得利？」

許多企業從宣傳負面年齡信念賺取驚人的利潤，包括抗老產業、社群媒體、廣告公司，以及各種以創造老化恐懼和老年人必然衰弱的形象為基礎的公司。這些企業產生了逾一兆美元的年收益，而大部分都不受監管，一直在穩定成長當中。

年齡主義的發端：卡通和童話

最近一次的搭機途中，我找東西看，發現可以選擇的電影不是已經看過，不然就是不適合的題材（像是預告片中出現飛機爆炸），我最後找到一部最近的迪士尼兒童片，重拍經典童話〈長髮公主〉（Rapunzel）的《魔髮奇緣》（*Tangled*）。在這個電影版本中，為了從樂佩（Rapunzel）公主具有抗老神奇能力的頭髮得到好處，以老婦人為形象的女巫就把樂佩公主關在高塔上。到了電影最後，因為沒辦法再接近樂佩公主的頭髮和永恆的青春，女巫瞬間衰老，身體皺縮蹲伏，頭髮由黑轉白，眼窩深陷，瘦骨嶙峋。「你做了什麼？」她對樂佩公主的解救者尖叫，轉眼死去。在原始的格林童話故事中，並沒有抗老的元素在裡面，這是迪士尼平白無故加上去的。或許，迪士尼把年齡刻板印象加進電影，是要藉由貶低老年人，並暗示應該恐懼及避免年老的敘事手法來聯合觀眾，好增加有孩子的家庭票房。

我在幼兒園最早學到的一首歌曲中，有一段大家或許耳熟能詳的副歌：「我認識一個吞蒼蠅的老太太，我不知道她為什麼吞蒼蠅，或許她就要死了！」隨著歌曲進行，她繼續吞下愈來愈大的昆蟲和動物，包括狗和馬。第一次學到奇怪老太太的民謠時，我跟同學都覺得好滑稽。

小時候，我們首次遇上老年人通常是在歌曲、童謠和故事中，在許多西方國家中，老人角色往往是壞人或可憐可笑的對象，因此這些國家中的孩子害怕變老就不足為奇了。展示人生四個階段的人臉給學童看，有八成的人說他們比較願意花時間和年輕的版本相處，當被問到想和最年老版本一起參與什麼類型的活動時，其中一個答案竟是：「埋葬他。」年僅三歲的孩子對老年人感到畏縮，露出明確的年齡歧視信念。我們兒時吸收的年齡信念，會形成日後生活的年齡信念基礎，因為年齡密碼編程是遞增的，建立在連續的層次，而它的地基在童年時期已鋪就。因為這些信念尚未產生自我關聯性，孩子看不出抵制它們的理由，尤其當他們欽佩的人還鼓勵這些信念時，更是造成這種現象。

一個朋友告訴我，她孩子小學的校長最近發給家裡一份通知，宣布要舉辦「穿得像一百歲的活動日」，作為開學百日慶。他鼓勵家長讓小孩戴著白色假髮、塑膠大眼鏡、拄著迷你玩具枴杖和助步架來上學（這些道具在派對商店都可以找到）。後來發現，這是很受歡迎的一種學校活動，在網路上可以找到許多給家長的建議，建議如何用乏味的配色打扮小孩，教他們拄著枴杖「蹣跚走動」，以及「把刻板典型的老人家演得稍稍過頭，來增添樂趣！」

這個新的兒童傳統造成了長期風險，藉由巴爾的摩老化縱向研究，如同圖5所示，我們發現到吸收到負面年齡刻板印象的年輕人在六十歲後，比吸收到正向年齡刻板印象的人，出現心臟病發作或其他心血管事件的機率高出兩倍。我們對孩子教導老化知識，不只跟他們如何對待他人有關，也跟他們自己的健康有關。

青少年肉毒桿菌素與抗老產業

全球抗老產業快速成長，透過銷售不實主張能夠停止甚至逆轉老化的藥丸、乳霜、酊劑、酏劑、荷爾蒙補充劑、促睪酮

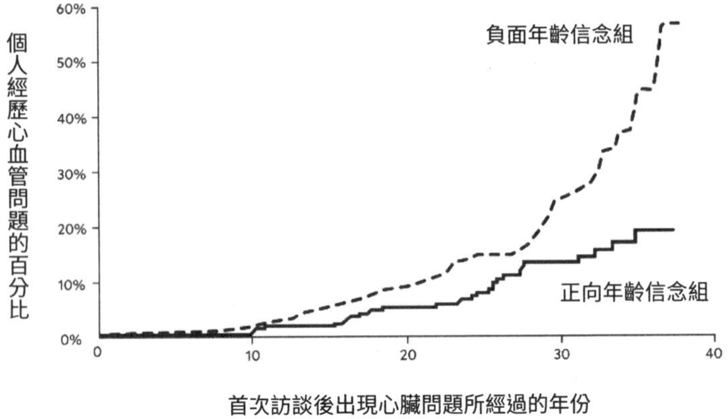

圖5：年輕人的負面年齡信念增加六十歲後出現心血管問題的風險。

劑與各種療程，一年產生了五千億美元的收益。這個產業的利潤來自於宣傳老化形象，把它變成一種令人恐懼及需要避免的東西。

不久前，我和同事吃午餐時，她看到十七歲女兒傳的簡訊後揚了揚眉頭。她唸了那則簡訊給我聽：「天哪，我出現第一道皺紋了，可以送預防性的肉毒桿菌素給我當生日禮物嗎？」

只要確保潛在客戶害怕身體老化跡象，就很容易販售肉毒桿菌素。最近，當我等著看醫生做例行檢查時，候診室的大型螢幕總是充斥著各種抗老療程的廣告，包括肉毒桿菌素，在其中一個廣告裡，喜劇演員及脫口秀主持人艾倫·狄珍妮（Ellen DeGeneres）大喊：「嗨，皺紋臉！」她接著解釋說，需要進行一個介入的療程以免看起來像梅乾，雖然她愛吃梅乾，但是她補充：「我可不想看起來像梅乾！」抗皺產品和療程的大規模行銷已蔚為風尚。

皺紋是一種自然且普遍發生的現象，而讓十七歲青少年害怕皺紋的方式就是傳達這種訊息：人們可以，並且應該避免老化，美麗與皺紋不能**並存**，有價值和老化也不能並存。難怪近二十年來，青年人的肉毒桿菌素注射已成長三倍，幫以抗皺為目標的抗老產業創造了近兩千億美元的利潤。

現在，打肉毒桿菌素以防未來的皺紋已成了美國二十多歲及三十多歲女性的慣例。《紐約時報》有篇文章說明了青年人的「小小肉毒桿菌素」注射已開始「去污名化」，卻掩飾了這項行為根源在於對年老的污名化。

不要以為皺紋和抗老產業藉由老化恐懼而來的獲利主要跟女性有關，詆毀髮際線後退的廣告也一直增加，男性的植髮手術率在近五年來已增加了60％。現在在社會上，我們幾乎拒絕一切老化跡象。

有個典型的抗老廣告宣稱產品是年度「抗老好管家的金獎得主」，進而描述可以「協助對抗老化頭髮的五種跡象」。一篇針對近百個銷售抗老產品網站的評論文章透露一個普遍做法：我們在跟年老打仗，不購買抗老產品的消費者就是放縱外表、放棄作戰。這些網站幾乎全都提供了費用高昂卻無效，甚至有害的「治療」，例如針對「不想快速老化，想要永保青春、美麗和健康」的人，宣傳生長激素是終極（及昂貴的）不老藥。然而，這種在許多地方商店銷售的激素可能增加罹患糖尿病或癌症的風險，為了將利潤最大化，抗老產業的說客已協助安排了漏洞，掩護一些產品和行銷不受聯邦法規的約束。

抗老產業不只污蔑老化的過程，也污蔑老年人本身，藉此扭曲我們對美的觀念。如同老年學家湯姆・帕爾斯（Tom Perls）指出：「廣告文案撰稿人以聳動的老人形象，把他們描繪成凝望療養院牆壁的萎縮衰弱個體，對我們這個以年輕為導向的社會，強化了不正確且引發偏見的老化觀念，抗老已成為反老年人的代名詞。」

銀幕不太「銀」：流行文化中的年齡主義

在麻州唸研究所時，我加入當地的「灰豹」分會，這是一個跨世代的反年齡歧視社會運動團體。我屬於「媒體觀察」小組的一員，我們搜尋報紙、雜誌、電影與電臺的年齡歧視例子。

有一個月，我們著重關注的新聞文章在於「使用了激發恐懼的通俗比喻」，有些專欄作家稱長者為「貪婪的老頭」，例子不勝枚舉。而我後來進行的一項研究直接反駁了上述說法，實際上，長者比年輕人更可能反對造福其年齡族群的相關計畫（社會保險、送餐上門及醫療保險）。我也得知，長者比年輕人更可能擔任志工、捐款給非營利組織，他們對家人和朋友提供了等同數十億美元的無償照護。

電視是另一個傳播年齡主義的媒體，年長人士比任何年齡層更常看電視，但只有2.8%的電視角色是老人，而且通常被降低為令人不快的小角色。缺乏有意義的年長角色可能是源自於網路和攝影棚經常排除年長作家，並且倚賴以「關鍵受眾」一（十八到四十九歲）為優先的廣告客戶，他們誤以為只有五十歲以下的人才會購買新產品。

儘管電視和電影產業對於納入同性戀和女性角色當主角的狀況已有所改善，年老角色卻持續受到冷落。當好萊塢電影**真的**描述老年角色時，形象卻往往是認知和身體衰退（《長路將盡》〔*Iris*〕和《父親》〔*The Father*〕）、脾氣暴躁（《見色忘友》〔*Grumpy Old Men*〕與續集〔*Grumpier Old Men*〕[115]）以及恐怖，採用恐怖形象的電影包括《探訪》（The Visit），片中描繪意圖謀殺孫子女的祖父母，而《詭老》（*Old*）則是描述一個家庭去度假時遇上快速老化的恐怖情節。當然也有以複雜且充滿活力描繪老化的例外，像是美國電視影集《同妻俱樂部》（*Grace and Frankie*）和英國電視影集《哈利法克斯最後的探戈》（*Last Tango in Halifax*），但整體而言，年長角色仍被邊緣化。在二〇一六年的票房百大電影中，有臺詞的角色只有11%是六十歲以上，而在長者設法登上銀幕的那些影片中，有44%含有年齡歧視的評論。

到目前為止，好萊塢的年齡歧視現狀並未受到廣泛的承認，在評選奧斯卡獎的美國影藝學院中，領導層最近規定電影必須納入來自未被充分代表的種族群體或其他邊緣背景的演員（女性、LGBTQ或殘疾演員），才有資格爭取奧斯卡獎。影藝學院主席宣布此舉時說，現在該是電影「反映我們多元化全球人口」的時候了，卻沒有提到納入年長演員的問題。

二十年前，兩屆奧斯卡獎女星吉娜．戴維斯（Geena Davis）成立一個致力銀幕性別平等的機構，她說：「直到有了女兒，我才發現到為孩子製作的電影和電視中，存在著嚴重的性別不平等，而在二十一世紀，我們當然應該向孩子展現男孩女孩都可以公平地玩沙坑。」經過十五年來提供獎助金給女性劇作家和導演，提高人們意識到女性被排除在編劇與導演一職後，她認為自己已達到原本設定的一些目標，雖然在編劇和導演上還未達成，但至少現今銀幕上男女角色的演出已接近平等。

現在，戴維斯把注意力轉向揭露年齡歧視。「歲數一出現四字頭，我就像墜落懸崖，突然間，重要角色變得異常稀少，這是明顯的差異。」吉娜．戴維斯機構在二〇一九年針對美國、英國、法國和德國前三十大賣座電影的調查發現，沒有任何年過五十歲的女星飾演主角。「我知道狀況很糟。」她說：「但這個調查明確顯示情況有多麼慘淡。」

電視和電影文化扭曲了我們對於老年及老年人士真實狀況的理解，我的團隊發現一生中看愈多電視的人，就愈有負面的年齡刻板印象。當邊緣族群的成員在電視、書籍、廣告、線上或其他媒體看不到描述他們自身的作品時，可能會導致自我價值的降低。

基於較大年齡來排除個人的現象也擴展到時尚界，大部分模特兒的年齡更接近童年，而不是中年。在最近的時尚週中，服裝設計師們進軍紐約市，以展現最新系列的設計，但《紐約時報》的三名記者卻揭發了困擾時尚產業的一些問題。在他們以十二名模特兒為主題的文章中，其中十人是二十多歲，沒有人超過三十二歲，而這些年輕模特兒甚至也經歷過年齡歧視。蕾妮・彼德斯（Renee Peters）年僅十四歲就在納維許一家購物中心被模特經紀人挖掘，現年二十八歲的她哀嘆：「我昨天參加了一個試鏡，環顧四周時，感覺大家一定都是十六歲、十七歲或十八歲。我已經過了二十五歲，真的很懷疑，我還漂亮嗎？我是否還有價值？」

年齡主義成為點擊誘餌

Twitter、Facebook、YouTube和Instagram組成史上最獲利的一項產業，光是Facebook就擁有近二十億名用戶，幾乎是全球三分之一的人口。注意力是社群媒體最受覬覦的貨幣，這個產業誕生了所謂的「注意力經濟」（attention economy），而駭人聽聞、偏執與帶有偏見的內容（「點擊誘餌」〔clickbait〕）吸引了最多的注意力。對於邊緣族群愈負面的點擊誘餌，就愈是有效（得到愈多點擊），廣告客戶就會付更多錢買廣告。

為了解年齡信念如何在Facebook上發揮作用，我的團隊分析了所有和年長人士相關的公開群組，發現這些群組中有74%在詆毀老年人，27%對其幼兒化，而37%主張禁止老年人參與公共活動，像是開車購物等等。一個英國群組鼓吹禁止老年人進入商店，因為他們「聞起來有尿味，在停車場停車技術糟糕，導致（原文如此）浪費了非常有價值的停車位。可以在門口進行年齡檢查，或是實行自願安樂死計畫，而我很樂意加上一人。」（在英國俚語中的「加上」〔top〕是「殺掉」的意思。）我們以示範仇恨言論，向Facebook舉報了十個最具攻擊性的群組，但過了一年，這些群組依舊存在。

在進行這項研究時，Facebook 禁止基於性取向、性別、種族與宗教的仇恨言論，但並未納入年齡歧視。在 Facebook 最新版本的社群規約中，年長人士現在受到免於仇恨言論的保護，但前提是要**另一個**受保護的族群有關，例如，禁止謾罵「老女人」，但如果對象是全體老年人則不會，如同上述的英國例子。和其他類型的偏見不同，年齡歧視本身是可以縱容的。

在新冠疫情爆發的前三個月期間，來自一百多個國家的一百四十萬人在Twitter上按讚或是分享含有「嬰兒潮老人去除者」（boomer remover）的推文，這個用語是在嘲弄老人死於新冠病毒。在另一項研究中，心理學家凱倫．胡克（Karen Hooker）及團隊使用一種複雜的電腦運算方式，發現提及阿茲海默症的推文中有33％是在嘲笑老人。

社群媒體網站是用戶散播年齡刻板印象的完美媒介，它們提供的匿名感消除了對於後果的恐懼，鼓勵了極端、挑釁和仇恨的言論。

在社群媒體上恣意流傳的不只是年齡歧視的仇恨言論，公然（且非法）的年齡歧視也十分猖獗。社群媒體公司整合用戶的所有相關數據，利用這些數據來確認廣告觀看對象，根據這項數據，社群媒體網站知道誰是年長用戶，把他們排除在某些住屋廣告、信貸提供與職缺列表上——等於是當著年長人士的面前砰然關上大門。

有一個住屋觀察群組發現，Facebook允許廣告排除華盛頓特區的年長潛在租客，而這裡恰好是五十年前羅伯特．巴特勒首次確認年齡主義出現的區域，年齡主義依舊持續，只是以較為隱蔽及結構化的方式存在。根據這些公平住屋社運人士的說法，這一區的年齡歧視「不是一、兩個不經意誤用數位工具的小玩家所實行，而是涉及管理全國數十萬間公寓的多位領導人，他們支付Facebook大筆金錢，斷然拒絕向年長人士推播廣告。」

光是二〇一九年，Facebook就解決了五件與年齡歧視相關的訴訟，但在住屋和徵人廣告的數位年齡歧視仍在進行中。許多公司付費張貼刻意排除長者的線上職缺廣告，讓長者看不到這些廣告，而這些公司包括大家熟悉的名字：Target百貨、UPS、State Farm保險公司、Amazon和Facebook本身，後者的員工年齡中位數是二十八歲。

老化隔離線：年齡主義的空間劃分

儘管這一百年來美國人口的長者比率穩定成長，跨世代接觸卻是穩定下滑。在這段期間，美國已經從世界上最為年齡融合的國家之一，轉變成年齡最為隔離的國家之列，家庭愈來愈不具年齡多樣性。在一八五〇年，70%的年長美國人和其成年子女同住，11%和配偶同住或獨居；到了一九九〇年，只有16%的年長人士和他們的成年子女同住，70%和配偶同住或獨居。事實上，即使有「紅線制度」（redlining）[116]和猖獗的種族隔離做法，我們的社區現在依年齡隔離的情況跟依種族隔離是相同的。這問題不僅限於美國，在一九九一年，英國小孩有15%的機率住在年過六十的老年人附近，現在這個數字已降至5%。

持續存在且被誤導的社會觀念是造成年齡隔離的一個因素，也就是讓年輕人遠離年長人士，在某種程度上是有益且符合自然的。但是，基於種族或性別等其他種類的隔離，卻被政策制定者、學者與一般大眾視為有害。在我工作的紐哈芬市，城市規劃者興建的老年住宅位於高速公路或水路區隔的地點，幾乎就像是在隔離人口，這種實質上的隔離，讓年輕人和老年人在街上或公園裡的日常偶然互動可能基本上降為零。

對社區的年輕人和年長者雙方來說，缺少接觸都是一種無法估計的損失，不只減弱年輕人和年長者彼此間的同理心和社會羈絆，也抹滅了讓年輕人扭轉對老年人負面刻板印象的機會。

年齡主義的職場運作

思考一下這個情況：你擔任一家大公司的行銷主管，多年來因為提出許多創意策略方案而得到讚揚，有一天你做了一個獲得公司其他人支持的決策，然而老闆卻不同意，你說明了自己的理由，但老闆的回應卻是：「你該辭職了。」他並沒有真正解僱你，只是說你的想法「過時了」，接著暗示你或許「退休的時候到了」。

這就是發生在六十一歲蓋瑞．霍利特（Gray Hollett）身上的事，這樣年齡歧視的經驗讓他深受打擊，而且不只有霍利特遇上這種事，在網路上搜尋「職場的年齡歧視」，就會找到幾百個類似的故事：人們因為年紀太大而被推離公司。根據美國退休者協會的一項調查，美國三分之二的就業人口表示，曾在工作場所目睹或親身經歷年齡歧視，其中92%表示這是很常見的事。

根據一九六七年通過的〈就業年齡歧視法案〉（ADEA），在美國，職場基於年齡的歧視待遇是違法的，但這項法案名存實亡，並未許可補償性或懲罰損失的賠償，這表示律師缺乏受理年齡歧視相關案件的經濟誘因，而對遭受不公平待遇的年長者來說，提起訟訴的費用可能非常高昂。不僅如此，ADEA只適用於已取得工作的人，而不是求職者，所以如果因為「年紀太大」而求職被拒，ADEA可幫不上忙。

諷刺的是，隨著年紀增長而來的工作經驗，卻是最能讓人在晚年職涯取得成功的特質。當專攻土壤健康的植物學家班恩．杜格（Ben Duggar）被迫在七十歲從威斯康辛大學的教職退休時，隨後被立達實驗室（Lederle Laboratories）聘用，而在這裡，他七十三歲時分離出一種稱為四環黴素的化合物，成為世界上最廣泛使用的抗生素。

年長員工不只能夠取得顯著的突破，也比較可靠，流動率和缺勤率都較低，也比較不會出現意外，但年齡歧視依舊猖獗地出現在僱用環節的每一個階段。當我的團隊檢視四十五個國家的工作場所（白領和藍領）年齡歧視時，我們發現年長者被僱用的可能性明顯低於年輕求職者，即使被僱用，受到培訓和升職的可能性也明顯偏低。

哈佛商學院最近一項對德國ＢＭＷ工廠的研究則說明了留住年長員工的好處，它發現年齡融合的生產線提高了生產力、降低了缺勤率，並且帶來更少的汽車瑕疵，而且還有一個錦上添花的現象，研究最後指出，沒有員工想離開年齡融合的生產線。奇普．康利（Chip Conley）在五十四歲時，協助Airbnb[117]成立類似的年齡融合團隊，他發現這些團隊的成功來自於「年長員工知道如何表達問題，並創造為結果負責的責任感」。

醫療保健的一個弊病

醫療領域應該是提供幫助和治療的地方，卻不見得總是如此，我對醫師沒有偏見（我先生就是了不起的醫師），而疫苗和各種處置程序很可能拯救了我和家人的生命，各位可能也一樣。但絕大多數情況下，醫學和科學著手認知身體老化問題時，是把它界定為各種生理特質的逐漸衰退，而不是一種時期，在這時期中可以包含源自經驗而來的正向改變。

西方醫學如此大量仰賴負面年齡刻板印象，而採納老化勢必衰退的說法是因為有利可圖，對此，經濟學家凱羅・艾斯提斯（Carol Estes）稱之為「醫學無能複合症」（medical disability complex），因為這些奠基於昂貴療程、裝置、藥物的內容價值數十億美元，比「預防性努力」更具利潤。所謂的「預防性努力」包括了運動，或是嘗試從源頭解決經常導致失能和疾病的社會因素，這是一件困難但必要的工作。

當老化被視為一種純粹的生物醫學現象，而且發揮關鍵作用的社會決定因素（如年齡歧視）被忽略時，醫師往往會把可以治療的症狀視為老年的標準特徵（例如背痛或是憂鬱症）。醫師愈是混淆老化與疾病，就愈是加強老化是一種病理的觀點，這可能導致對年長病患的治療不足，因為如果醫師預期年長病患的健康會衰退，就不太可能會協助他們改善症狀。

想像一下，有天早上醒來，你發現背部劇痛，難以行走，去看醫師時卻只被告知：「你還期望什麼？你老了呀！」這正是一個研究參與者所遇到的事，他加入由老年學家凱瑞・里德（Cary Reid）主持的一項研究，內容是針對老年人為何不見得會去尋求或得到背痛照護。

許多醫師對於長者的正常健康狀況缺乏應有的認識，而他們**確實**知道的知識經常受到負面年齡刻板印象影響，例如有35％的醫師認為，老年人出現高血壓很正常（實則不然），而且許多醫師不會詢問年長病患的性史，即使感染愛滋病毒及愛滋病的年齡層中，增加最快速的是六十五歲以上的人，這種狀況導致醫師面對年長病患時未能診斷出性傳播疾病、勃起機能障礙或是性欲減退。

醫師對年長病患負面且往往錯誤的看法，是從哪裡發展出的呢？不幸的是，他們經常是從醫學院取得。醫學生第一次遇到年長「病患」往往是一具要解剖的老年大體，所有醫學院都規定小兒科為必修課程，但很少規定老年病學為必要訓練，這是因為沒有足夠的老年病學專家可以授課，也進而形成這種惡性循環。一項研究發現，隨著接受的訓練愈多，醫學生對年長病患的看法就變得愈負面。

當羅伯特．巴特勒接受訓練時，他發現年長的住院病患被稱為「GOMER」——意指「滾出我的急診室」（Get out of My Emergency Room）——而這個用語一直沿用到現在。英國衛生部的病患與公眾部門主任描述醫療人員「經常以『皺巴巴』、『脆弱』或『病床攔截者』的稱呼來非人化年長病患。」巴特勒解釋說就他的情況而言，「對跟年長人士有關的醫學詞彙感到震驚，其中充滿殘酷和貶低用語。」他就是在這個時候決定進入老年病學。他是由祖母撫養長大的，對她的感受是充滿活力和強壯，而這與他在醫學院遇到的負面年齡信念完全背道而馳。

有些醫學院藉由為學生配備模糊視線的眼鏡、限制行動的腳踝加重袋，以及阻礙聽覺的耳機，訓練未來的醫師了解年長病患。要完成這個名為「老化體驗」的訓練，學生被送到不同的「活動站」，在其中一個活動站中，學生模擬晚宴中被排除在談話之外，體驗社交孤立。儘管訓練的目標是要灌輸同理心，但如果醫學生被導向認定他們未來的年長病患將是虛弱不健全，而不是生氣蓬勃、功能健全，能夠活躍於晚宴中的人，這樣的體驗效果倒可能強化了負面刻板印象

醫療保健體系支付給老年病學醫師的費用少於許多醫療領域的專家，因而發出年老病患更沒價值的信號，難怪許多國家的老年病學領域都面臨著合格醫師極度短缺的問題。而另一方面，一項調查發現，老年病學專家因為和年長病患互動得到滿足感，因此比其他專家更樂於工作。

負面年齡刻板印象說明了為什麼許多醫師對待年長病患比較沒耐心，比較不投入，也比較不會解釋病情和治療細節，這使得年長病患沒有得到康復期間自我照護

時所需要的資訊，這些刻板印象也導致年長病患沒有得到足夠的治療。

在一項系統性的回顧研究中，探討了年齡歧視對年長病患的健康影響，我的團隊發現到，針對醫療保健取得的研究中有85%提到，相對於年齡之外各方面都相同的年輕病患，提供者會阻攔或斷然拒絕年長病患取得某些治療。在這項研究所涵蓋的四十五個國家中，年齡歧視惡化了年長人士的健康結果。

儘管如此，醫療保健中的年齡歧視卻尚未被視為普遍性的公共衛生或人權議題。為了讓政策制訂者了解，我和一名經濟學家暨統計學家合作，為年齡歧視造成的保健成本進行估算，我們發現美國對此的每年整體費用高達六百三十億美元，比病態性肥胖的花費還多，而病態性肥胖是美國最昂貴的慢性病之一。這就是我們在可預防的醫療保健成本上能夠節省的數字，而且這還是保守估算，因為我們只考慮了八種健康狀況，並且未納入損失的薪資費用。

馬丁・路德・金恩說過：「在所有形式的不平等中，醫療保健的不公正是最為令人震驚及不人道的。」

交叉性質與年齡歧視

我已經描述了年齡歧視產生影響的眾多領域，但是年齡歧視的觸角不見得總是恰好抓住我們生活中的單一層面，這些層面會重疊，觸角會糾纏在一起。我們全都暴露在充滿誇大年齡歧視的歌曲和故事裡，跟將老化視為醫療問題的醫療保健體系進行互動，也全都淹沒在年齡歧視的流行文化汪洋中，我們大部分的人都會在多重領域經歷到累積的年齡歧視。而我們從研究中得知，對健康產生最嚴重影響的壓力類型是重複發生，而且型態難以預測，年齡歧視往往就是以長期且反覆無常的方式出現。

年齡歧視混合在性別歧視、種族歧視、恐同症及生活中所接觸到的其他偏見之中，在美國，有色人種和女性比較容易在對健康產生負面影響的低薪環境工作，因此他們在邁入老年後，更出現健康問題，存款也比較少，醫療保健的選擇跟著較少。人們通常不會在變老後就掙脫這些不平等，這些不平等只會在老年時變得更加複雜。

在二〇二一年，美國各地的反亞裔暴力仇恨犯罪行為來到一個驚人的高點。亞裔人士在街頭、在住家前，或是去教堂的路上遭到襲擊，許多受害者是年長女性，但當人們公開反對一連串暴行時，卻很少人提到年齡或年齡歧視。紐約唐人街的社區支持人士陳家齡不一樣，他說：「這讓我們的老年人和女性更加擔憂，他們似乎挑上了老年人，這些人是機會主義者，他們不會招惹健壯的年輕男子。」

這是一個年齡歧視受到其他歧視而加劇的例子，「交叉性質」是指年齡歧視和其他形式的歧視結合，加深障礙並擴大影響，而在美國，無法負擔足夠食物的年長人士中，以有色人種的比率最高，64%的老年黑人和74%的拉丁裔老年人生活狀況只剛好過了貧困線。

再舉一個例子，許多美國原住民面臨著健康問題與極度貧困，這個族群的成員死於新冠疫情的比率極高，他們的醫療保健資源受限是造成此一現象的極大原因。六十歲的詩人黛博拉．米蘭達（Deborah Miranda）是丘馬什部族（Chumash）[118]的原住民，她如此描述污名化對年長美國原住民產生的複雜影響：「這是一種永無止境的掙扎，也永遠無法休息，有很多的創傷，很多的壓力。」她告訴我，因為結構性偏見讓她的部族成員無法取得足以維生的工資和適當的醫療照護，所以很多人活不到老年，而活到老年的人卻往往遭受著種族歧視和年齡歧視的聯合折磨，對於女性來說，還加上性別歧視。

她的祖母在中年過世，祖父湯姆（Tom）則在七十五歲辭世，終其一生大多遭受種族歧視之苦。到了晚年，他從白人文化吸收而來的負面年齡刻板印象讓情況更加惡化，他覺得身為老年人或美國原住民，無法作出貢獻，因此從未和孫子女分享他對於部族習俗、舞蹈或語言的知識。黛博拉後來發現，他會悄悄地「製作部族舞蹈服飾，然後到山上跳舞。」她始終不知道祖父湯姆會講部族語言，「直到他臨終前」，她才第一次聽到他說丘馬什語。

日後的展望

年齡歧視無所不在的深植狀況，意味著必須在兩個層面上克服它：首先，遇到負面年齡信念時，在個人層面對抗；其次，要對抗基於這些信念而運作的社會機構。隨後兩章將探討對抗的準則，以協助建立一個具有年齡包容性和公正的社會，而附錄一到附錄三也將詳盡說明這些準則。

第九章 個人的年齡解放：如何讓思想自由

雖然我們這一生中，年齡信念都在不斷地被強化和吸收，但它也具有可塑性，並沒有固定或不可避免的特質。我曾在實驗室改變年齡信念，而在歷史洪流中它也可能產生轉變，在不同文化中也可能截然不同。

我將在本章說明如何從衰落的年齡心態轉變成欣欣向榮的年齡心態，為此，我將介紹我基於科學發現和觀察，為本書所研發的ＡＢＣ方法。這套方法由三個階段構成：提升**意識**（Awareness），將責任**歸咎**（Blame）於責任方，並**挑戰**（Challenging）負面年齡信念。這套方法將顯示負面年齡信念並不是被護城河環繞的堡壘，並非不可攻克，而這些策略有助鏟除負面信念，加強正向信念，這就是本章和附錄一所有練習的終極目標。

解放年齡的ＡＢＣ方法

Ａ階段：提升意識

意識從內開始

要成功改變我們的負面年齡信念，取決於我們識別出它們的能力。如果沒有先加以估量，就無法改善我們的年齡信念。藉由檢視自己對長者是否出現負面刻板印象的描述，監控個人的年齡信念，並且為描述分類。如果發現自己開車時會低聲嘀咕前方的年長駕駛，請提醒自己，年長駕駛比年輕駕駛更少發生事故，也比較不會邊開車邊傳簡訊。你也可以想著許多年長的傑出駕駛，像是ＮＡＳＣＡＲ[119]賽車手摩根．薛佛德（Morgan Shepherd），他七十八歲都還在賽車。

意識到我們和長者說話的方式也有所幫助。在美國和歐洲，當我們和年長人士說話，尤其是面對接受照顧的老年人時，許多人都會採用「老人語言」，包括使用簡化的語言、單調的語氣，以及比平常更大聲的音量。我們有時會以通常保留給小孩或寵物的說法稱呼老年人，像是「小可愛」、「可愛的」、「親愛的」或「小親親」，這種方式很容易降低聽取者的自我價值感。最近，我發現自己在和一名百歲人瑞說話時放大了音量，並且使用單音節的文字，我很快就了解到她沒有聽力或理解方面的問題，她甚至用狡黠的微笑看著我，彷彿知道我為什麼這麼做，所以我不慌不忙調整了說話風格，改成和同齡好友說話的方式。不知不覺中，我已開始使用日常語言，再次和她說話。

意識到正向老年形象的群譜

我們愈是意識到並吸收正向的老年模範，就愈容易打破我們從周遭年齡歧視中所吸收到的負面年齡信念，不管這些信念是有意識還是無意識的。想想一位符合你心中正向老年模範的人，像是在友誼長凳提供談話治療的辛巴威老奶奶庫西，或是對時事發表風趣評論的六十多歲咖啡師，這個人的行為是證明了負面刻板印象不正確，或是加強正向印象呢？

正向的人物模範不只讓我們感覺良好，實際上還協助改變我們的行為。「史卡利效應」（Scully effect）就是一個很好的例子，這是以姬蓮·安蓮森（Gillian Anderson）在影集《X檔案》（*The X-Files*）中所飾演的黛娜·史卡利（Dana

Scully）而命名，角色設定為美國聯邦調查局的科學家，而成長過程中經常看著這角色的女孩，更有可能學習科學，進入科學領域。

擁有正向的老年模範，還能夠提供其他方向的助益。我發現，讓年長人士針對一位健康且活躍的老年人，簡潔寫出想像中的一天生活，每週一次，連續進行四週，就可以顯著降低他們的負面年齡信念。其他人所做的幾項研究也得出一致的結果，**兩歲**前在家中有老年模範陪伴長大的人，比沒有類似模範度過幼兒時期的人，晚年通常更健康，而在實驗中被安排看著德蕾莎修女（Mother Teresa）[120]或愛因斯坦等年長模範的大學生，在內隱年齡歧視的評分遠低於沒有經過安排的大學生。

除了霍蒂奶奶，我的成長過程中還有其他令我欽佩讚賞的爺爺奶奶，以及在年老時期繼續激勵我的父母，寫這本書的時候，我媽媽艾麗諾已七十八歲，她是充滿熱情的免疫學家，帶領一家創新的醫學研究實驗中心，同時領導「老奶奶動起來」（Grandmothers in Action）的分會，這個團體籌組了「出來投票」（Get Out the Vote）宣傳活動。我八十五歲的爸爸查爾斯（Charles）是社會學家，他對越南退伍軍人的研究為識別創傷後壓力症候群（PTSD）奠定了基礎，現在仍孜孜不倦作為年輕學者（包括我）的顧問。

重要的是，要建立一個多元且細緻的正向老年形象組合，如此一來，可以讓令人欽佩的不同特質和年老產生聯繫。

讓生活僅僅仿效一個特殊或**過於**正向的單一形象，可能會適得其反。這些特例包括太空人轉任參議員的約翰．葛倫（John Glenn）[121]，他在七十七歲時重返太空。或是最高法院大法官露絲．貝德．金斯堡（Ruth Bader Ginsburg）[122]，她八十多歲時仍寫出許多傑出的法庭意見書。這些潛在的榜樣容我們把他們列為例外情況，畢竟我們有多少人能在兩種雄心大志的職業中來回切換，或在國家最高法院任職呢？話雖如此，注意到我們敬佩的年長榜樣的具體特質（例如金斯堡大法官的職業道德以及她對性別平等的承諾）的確更有幫助，因為對我們大部分的人來說，加強這些特質是更容易實現的目標。

意識到年齡多樣性及「年齡盲」的不合理

老化是一個特別多樣化的過程：事實上，隨著年紀增長，我們彼此變得愈加不同，而這是社會和個人兩方面的因素所造成的。把六十歲以上的人全都認為相同，就像把二十歲到五十歲的人全部丟在同一類別，不幸的是，美國和全球許多新聞報導和健康研究不是排除老年人，就是把他們視為同一類。這樣就無法進行仔細研究，或制訂對這年齡層提供更完善資源的政策和計畫，也很容易讓我們漏了思考老化過程中的明顯多樣性。

就像「人種色盲」忽略了種族的重要性，「年齡盲」也忽略了年齡的重要性。如果留意這一點，就會注意到它有多麼常見，例如在我家附近超市賣魚的一位好心男子稱呼年長顧客為「年輕小姐」和「年輕小夥子」。在美國，對於好幾年沒見的成年人，會說他們看起來「完全沒老」。儘管這是一種恭維，但忽略或淡化年齡可能是在貶低這個人，因為這意味著將年齡認同最小化。因此，最好的做法不是假裝老化並未發生。變老是一種需要考量跟重視的事，假裝沒有注意到老化，等於忽視了隨著老化而來的優點及歧視，所以這算不上是一種解決方案。

意識到日常生活中無形的年齡刻板印象

除了自我省思以及研究自己對他人的描述，還要尋找其他地方的年齡刻板印象。剛開始，這可能感覺像是在找尋無形的東西。這就像是關於兩條小魚一起游的一則笑話，當牠們碰到一條老魚兒，對方說：「嗨，各位，水怎麼樣啊？」兩條小魚繼續游著，最後一條魚對另一條魚說：「水到底是什麼呀？」

一旦開始注意到水，就會發現目光所及，沒有東西不是潮濕的。在我耶魯大學的健康與老化課程中，學生剛開始上課時並未意識到太多的年齡歧視，三個月後，他們每當拿起報紙、查看社群媒體或是和別人交談，就一定會注意到生活中到處充斥著負面的年齡刻板印象。

一名學生突然對她見過多次的機場安全標示感到震驚：「未滿十二歲或年過六十五歲的人，不需要脫鞋。」她從未想過美國運輸安全管理局為什麼會同等看待這兩個年齡層，也沒想過這種幼兒式看待對年長人士可能造成的影響。

開始密切注意某個現象時，就會發生所謂的「巴德爾邁因霍夫效應」（Baader-Meinhof effect）[123]。假設你正在考慮買新車，像是SUBARU的旅行車，突然間，這輛車會無所不在，在高速公路、在機場停車場、在自家街頭，你都會看到它。結果發現，朋友的姊姊也開這部車，它甚至是你父親第一臺車的款式。這似乎像是一場陰謀，其實不然，這只是因為SUBARU旅行車在你心中，所以會更常注意到它。這在年齡歧視上也是同樣的道理：一旦開始思考年齡歧視，就會發現無處不在，幾乎每一件事、每一個人都有年齡歧視的蹤影。

有些形式的年齡歧視很容易觀察到：例如，如果找不到我家當地派對商店用來陳列長者生日用品的走道，去找寫著「人老珠黃」的標示就對了。而在那裡，會見到有墓碑圖案的黑色氣球，以及印有嚴厲警告的桌布：「如果你是馬，現在早就被槍殺了。」

其他形式的年齡歧視比較難以察覺，因為做法是讓年長人士缺席，這些例子包括：因為患者年齡而否決必要治療的醫院；在討論促進媒體、行銷和職場的多元化表現時，未納入年齡；以及拒絕老年人加入可能改善治療的醫學試驗。雖然這些很容易被忽略，但留意年長人士是否有平等機會、是否被納入其中是很重要的事。

意識到我們未來的自己

對於還不算老年人的人，與其認為自己與長者有根本上的差異，不如認為自己是「受訓中的長者」，這樣更有幫助。如果一切順利，我們都會變老，從這個角度來看，我們的負面年齡信念可以看成對未來自己的一種偏見。

在年輕的時候，很難確實想像變老的樣子，尤其如果與長者沒有密切接觸時更是如此。在一個年齡歧視的社會中，年輕人學會抗拒年老及避開年長者，而這往往是他們無意識的行為。應對老化更好的方法是透過積極的跨世代接觸，來達到雙贏效果。為了接觸長者，可以採取跨世代的瑜伽課程、線上讀書會、歡迎所有年齡層的公共空間，或是像「灰豹」這樣的年齡正義團隊，「灰豹」的格言就是「年齡與青春在行動」。還可以去認識一位年長同事或鄰居，和年長親戚共同策劃計畫。最近的一項全球調查中，研究讓不同年齡的成年人共同參與各種活動（像是在救濟食堂當志工）所帶來的影響，結果發現這會改善年輕人對年長者的看法，而且反之亦然。如果不容易取得直接經驗，找機會多接觸由年長人士創作的電影、書籍、部落格、podcast和其他媒體。

B階段：把責任歸咎在它所屬的地方

歸咎於年齡歧視，而不是老化

一旦意識到自身及滲透在所處文化中的年齡信念後，就可以開始用ABC方法中的B階段，重塑自己對老化的理解。意思是在遭受年齡歧視或被負面年齡刻板印象針對時，要把責任從個人轉向正確的責怪目標，也就是年齡歧視本身及社會來源。這需要查看發生惡劣事件的環境背景，好找出問題的真正源頭。有個很好的著手方式是，認識到讓身為老年人這件事變難的往往是年齡歧視，而不是老化過程。

我最近聽到一位醫師講述了一名八十五歲老先生的故事，這位老先生因為膝蓋隱隱作痛去看醫師，卻被告知說：「看，你的膝蓋已經八十五歲了，你還指望什麼？」老先生回答：「哦，是的，醫師，但我的另一個膝蓋也八十五歲了，它一點也不痛。」

醫師因為病患年老而忽略對方的擔憂，表示醫師只把狀況歸咎於年紀，但事實上，可能還有其他因素。未能調查問題來源，反而取決於年齡歧視的假設，認為晚年身體衰退無可避免（這種年齡信念往往植入於學前班，並且一路強化，貫穿整個醫學院時期），這樣的醫師推卸了自己的醫療責任。病人膝蓋不舒服，可能是因為他最近在自家車道剷雪時拉傷肌肉，但既然是「老膝蓋」，醫師就認為這不是需要處理的問題。他誤以為膝蓋問題要歸咎於據說老化一定會有的情況，因此無能為力。

出現問題時，我們很自然會傾向於責怪人，而不是他們的處境，這稱為「基本歸因謬誤」（fundamental attribution error）：排隊結帳時有人插隊，我們可能會認為他們很無禮，而不是想成是急著買藥給生病小孩的匆忙家長。

當我向聽眾發表研究時，經常會有人過來告訴我：「的確，負面年齡刻板印象確實到處充斥，它們描述虛弱緊隨老化出現的現實。」這種觀念的第一個問題在於，將老化視為身心狀況必然衰退的看法是不正確的。想想派屈克．漢米爾頓在七十多歲時仍繼續擴展他對蘑菇物種的龐大記憶，或是莫琳．康菲德在九十多歲成為競技游泳選手。第二個問題則是，這種思維方式混淆了因果關係，如同本書前面所描述的，基於社會的年齡信念影響了我們老化的健康和生物標記。涉及我們如何變老時，社會往往是原因，而生理是結果。

那麼，重新架構我們因果思維的最好方式是什麼呢？我們可以轉移歸咎的對象。

歸咎於上游原因：拯救溺水者

你可能會想知道為什麼我建議重塑年齡信念以增進健康，而不是建議調整具體的健康行為。畢竟，大部分關於老年健康的書籍都建議注重良好飲食、降低壓力、運動等等。雖然這些行為對於健康和長壽都有幫助，但長期而言，以這類行為作為目標通常並不成功，有時甚至適得其反。為什麼？當著重在不良飲食、高壓程度或缺乏運動的問題時，處理的是**下游**因素，而不是**上游**原因。讓我用醫學社會學家歐文・左拉（Irving Zola）[124]的寓言故事來說明我的意思——

你站在湍急的河流邊，見到有人在水裡掙扎，眼看就要溺斃。你冒著生命危險，跳入冰冷危險的湍流之中，設法把那個人救上岸。在你進行心肺復甦術時，聽到一聲尖叫，看到另一個人在水中掙扎。你再次跳入水中，把他帶到安全的地方，再次施行救治，此時湍流又帶來更多溺水、拚命喘息的人。你意識到更遠的上游發生了意外，導致這些人落入水中，一陣可怕的恐慌襲上心頭，而你湧現的衝動是想要藉著干預源頭以防人們落水，但在忙著拯救溺水者之際，你無法進行調查或做任何事。

這是公共衛生的典型挑戰：既要處理緊急迫切的下游問題（溺水者），也要解決危險的結構性上游因素（造成人們落水的任何原因）等雙重需求，而年齡信念就是健康幸福的上游預示物。比起只專注於健康習慣，改善年齡信念可以讓人更容易改變這些習慣，基於信念的習慣可以從內而外加以改變。

在這個寓言中，年齡歧視的上游因素包括了負面的年齡信念，可以用把人推入水中的惡棍來代表，而我們需要抑制這個惡棍。理想的修正方式是出現一波可以掃蕩年齡歧視的社會改革，然而在此之前，我們可以採用本章概述的觀念，並用附錄一詳細描述的ABC練習，保護自己免於落入湍急的水域。

C階段：挑戰負面年齡信念

ABC方法中的C代表的是挑戰負面年齡信念，我們進行研究時發現，以直接對抗而不是忽略的方式來處理年齡歧視的年長人士，出現憂鬱和焦慮症狀的可能性較低。確切來說，這適用於負面年齡信念：我們愈是挑戰，負面年齡信念就愈能放開我們。

戳破它

挑戰年齡歧視，指的是每當見到就戳破它，適用於私人互動和公共論壇。

例如，六十四歲的反年齡歧視社運人士艾許頓・艾波懷特（Ashton Applewhite）

在網路論壇開了一個名為「唷，這可是年齡歧視者？」（Yo, Is This Ageist?）的專欄，供讀者提出各式各樣的文字和行為，問她是否認為屬於年齡歧視。艾波懷特以深思熟慮的溫和方式指出年齡歧視，並鼓勵她的讀者也戳破它。最近有讀者問：「妳對於『獻給年輕的心靈』這個詞語有什麼看法？」艾波懷特回答：「『年輕的心靈』是什麼意思？愛玩的？有浪漫傾向？樂於冒險？我們可以在自己生活中的任何時候感受到事物——或跟它們相反的東西。像『年輕的心靈』這種以年輕為中心的用語是年齡歧視，因為它暗示了非年輕的另一種情況。」

愈來愈多名人公開反對年齡歧視，例如巨星瑪丹娜（Madonna）[125]最近抱怨：「人們總是以這樣或那樣的理由試圖要我安靜……如今則是因為我不夠年輕。現在，我要對抗年齡歧視；現在，我因為滿六十歲而受到懲罰。」同樣地，七十二歲的勞勃・狄尼洛（Robert De Niro）[126]也對電影產業發出怨言：「在這裡，青春是文化非常重要的一部分，歲數並不像在其他地方那樣受到尊重……要演電影，他們更希望你青春美麗或是青春帥氣。」

一般人也要處理年齡歧視的問題，例如我八十三歲的公公。他是流行音樂教授，也是受過茱莉亞音樂學院訓練的傑出鋼琴家，他控告雇主賓州大學年齡歧視，藉著增加他日常生活的難度，試圖強迫他退休。

挑戰可以很早就開始，養育女兒的時候，我讀書時會挑選以迷人有趣的年長角色作為主角的書，讓她們接觸到正向年齡信念，因此我選擇的電視節目會具備多種年齡層。我也保護她們不要吸收到負面的年齡信念，在這種信念悄悄出現時，鼓勵她們指出來。例如，英國童書作家羅德·達爾（Roald Dahl）[127]在《喬治的神奇魔藥》（*George's Marvelous Medicine*）寫出讓她們十分驚訝的開場白，它以相當不幸的描述拉開序幕：「這是一位脾氣暴躁、令人不快的老奶奶，她有滿口黃牙和像狗兒屁股的皺嘴巴。」讀到這裡時，一個女兒皺起了眉頭，而另一個女兒說：「哎，這似乎對老奶奶很刻薄。」

我的女兒上小學時，另一種形式的挑戰也出現了。這個挑戰早於美國小學模仿老年人的開學百日慶，她們參加了一個才藝表演，由兩個受歡迎的四年級生擔任主持人，這兩個主持人戴著白色假髮，穿著破爛的拖鞋，拄拐杖蹣跚走過舞臺，他們明顯駝著背，擺出暴躁的態度。主持人在宣布接下來的演出時，話說到一半就走神了，彷彿忘了要說什麼，包括許多老師在內的觀眾都喝采大笑。

為了挑戰這兩名主持人誇大的年齡歧視做法，我和女兒創辦了一個反年齡歧視研究會，讓小孩可以談論在舞臺上觀察到的年齡刻板印象，還有跟這些形象不同的老年人。我女兒還帶領同學分成小組製作拼貼畫，拼貼畫的靈感來自成堆的雜誌，或是他們的個人經驗。一半小組製作了顯示年齡歧視的拼貼圖，而另一半則是製作顯示老年人正向形象的拼貼畫。

九十九歲的艾琳・崔霍姆（Irene Trenholme）就是這樣的老年人，她是我爸媽在佛蒙特州綠山住家的鄰居。艾琳對於挑戰年齡歧視毫不猶豫。她經營一家名為「二手散文」（Secondhand Prose）的舊書店，書店收益捐給地方圖書館，她負責為書店全體員工排班，整理捐贈書籍。最近的一個下午，艾琳邀請我去她家喝咖啡。她家在山頂上，是一棟寬敞的維多利亞式建築，而我們之間的茶几上放著以奧地利畫家古斯塔夫・克林姆（Gustav Klimt）[128]畫作為圖案的一千片拼圖，這是她剛拼好的作品。她每星期都會挪動拼湊新拼圖，藉此伸展手指和心智。

艾琳告訴我，遇到年齡歧視的言論或行為時，她會禮貌但堅定地指出並不恰當。儘管她的聽力毫無問題，但最近去看醫師時，醫師卻提高音量跟她說話，他的看法大多是對著她的兒子說。艾琳覺得有必要指出來：「謝謝你，我的聽力沒問題，而且我兒子不是你的病人，我才是。」醫師有點尷尬，但仍舊親切和藹，表示自己沒意識到剛才的行為。

當朋友成為年齡歧視的玩笑或行為對象時，艾琳也會插手。她說：「我們變老後，人們不見得總是友善。」艾琳盡一己之力來嘗試改變，她告訴我，她的勇敢承自於祖母。祖母在小鎮郊外的乳牛場撫養她長大，目前仍住在鎮上，她經常對艾琳說：「不管妳做什麼，我要妳能夠獨立自主。」

在附錄一可以找到一套練習，讓各位進行加強正向年齡信念的ABC方法。讓我在此介紹蘇珊，以便舉例說明ABC方法應用於真實世界的情況。

從巴布亞紐幾內亞到改變的代理人：ABC方法的個人典型

在芝加哥大學，還是年輕博士班學生的蘇珊．賈尼諾（Susan Gianinno）進退維谷，她已經準備要前往巴布亞紐幾內亞，對當地社會動態進行數月的廣泛田野調查，就在此時，她還是小寶寶的女兒被診斷出慢性扁桃腺炎——不是大問題，但不治療就會很嚴重。寶寶需要密切的醫療照護和抗生素，當時這些資源在南太平洋島嶼並不容易取得。

她決定不繞過大半個地球去進行論文研究，而是想辦法在美國完成。正在琢磨如何調整論文題目時，她接到一家大型廣告公司的市場調查負責人電話。對方從芝加哥大學的教授拿到蘇珊的電話號碼，他希望能招攬社會科學家來增加公司優勢，蘇珊猶豫了幾天，毅然決然接受了這份工作。

「我被分配到麥當勞的案子。」她大笑說道。短短幾星期內，她便從研究社會支持因素如何影響南太平洋某島嶼幸福感的計畫，轉向試圖找出「漢堡王華堡的銷售量為什麼突然贏過麥當勞叔叔的大麥克」。這是一種調整，她的新同事打扮光鮮，十分注意自我形象（她開玩笑說：「在學術界，只要把襯衫塞好，人們就認為你夠時髦了。」），而且步調快速，專案幾週內就完成（在芝加哥大學，可能要花上十年的時間在同一個專案上）。蘇珊發現她的新世界讓人眼花撩亂，也令人興奮。

蘇珊很早就**意識到**廣告世界的年齡歧視，護膚品牌Olay是她最早的客戶之一，她看到公司為Olay所做的第一支廣告，描述表面上還不是Olay用戶的年輕女子照著浴室的鏡子，只見一名年長的女子回視她。「我看起來就跟我媽一樣！」年輕女子尖叫。

這家公司的廣告很少有長者身影，即使出現，年長女性經常會被描繪成溫順的老太太，年長男性則是專橫暴躁的老先生。整體來說，他們都被描繪成與科技脫節，儘管在五十五歲到七十三歲的年齡層中，70％擁有智慧手機，但廣告中呈現長者運用科技的廣告卻不到5％。

此外，蘇珊注意到她所屬行業對長者的描繪形象愈來愈糟，雖然七十多歲的人口是美國勞動力中成長最快速的部分，他們卻很少出現在展現職場人士的廣告中，反而經常現身作為醫療保健的收容者。

過去十年來，蘇珊說：「市場行銷在電視電臺播放了大量以長者為客群的廣告。」這有點諷刺。她指出：「因為承認長者是有消費能力的分眾市場，可以視為一種進步的象徵，但不幸的是，這些廣告大部分的深層主題都是把老化當成虛弱、衰退和問題重重的人生階段。值得爭議的並不是晚年不存在孤獨或糖尿病，而是其中沒有作為對比的看法。長者只被這些負面訊息轟炸，沒有另一面，沒有更寬廣的觀點，沒有老化的多元觀點。」

蘇珊把這種觀點的責任**歸咎**於廣告業，因為她內心所知關於老年多樣性和優勢的真實情況，與這些年齡刻板印象不相符。她在一個跨世代的大家庭中長大，有八個兄弟姊妹、一個身為職業婦女的積極媽媽、許多關係密切的叔叔、姑姑及爺爺奶奶，還有九十多歲都還在當醫師的爸爸。在芝加哥大學，蘇珊師從社會老年學創立者柏妮絲．紐加頓（Bernice Neugarten）[129]，紐加頓打破了眾多老化的迷思，例如，流行文化把孩子長大離家的「空巢期」，描述成悲傷甚至是創傷的經歷，但她證明這對親子雙方而言，反而經常是帶來成長的機會。

廣告反映出的信念來自廣告公司僱來創造廣告的人，而廣告公司的平均員工年齡是三十八歲。在蘇珊的公司，執行主管經常根據員工的年紀來安排面向客戶的團隊，但年長的員工往往被排除在廣告創作討論之外，沒有一席之地，他們的聲音也跟著被排除。

蘇珊決定，如果她要繼續留在廣告業，就需要打破現狀，**挑戰**一般認定的假設。隨著在這高度競爭的行業中節節高升，她不斷致力於重新架構它的實踐方式，以期達到在廣告和在會議室都能接納老化的多樣性。

現在，蘇珊是全球最大廣告公司之一Publicis North America的主席，她目前七十多歲，是該公司最年長和最有力量的執行長。在從內部悄悄改變廣告業的同時，她也轉向非營利領域，在這裡限制較少、獲利動機也較少，比較不會阻礙刻劃更新更美好的老化面貌。

蘇珊協助營運非營利的廣告協會，為公益事業製作廣告，像是著名的「牛奶喝了沒？」（Got Milk?）。而她帶領的「愛沒有標籤」（Love Has No Labels）活動讓她尤其引以為傲，在這個宣傳活動中，透過展現不同類型的人們之間的愛情來消弭各種偏見。這些人有老有少、有同性戀、異性戀、黑人、白人和棕色人種，其中一個廣告中，一個大型X光螢幕立在木棧道上，不同的伴侶在螢幕後方擁抱，螢幕隱藏了他們的身分，只顯示出彼此可以互換的骨架。這些伴侶一對對揭露面貌，最後一對是年老男女，當兩人從螢幕後方現身時，女士高喊：「愛沒有年齡限制。」這個廣告的觀看人次已超過六千萬。

在個人層面上，蘇珊一直在她關係緊密的跨世代大家庭中，進行她所謂的「非刻板印象互動」，以挑戰負面的年齡刻板印象，例如最近他們全都一起學槳板運動。蘇珊的小孫子對於如何整合一項新科技到她公司的宣傳活動提供了建議，而蘇珊也指導她的小孫女如何召開並進行董事會，然後放手讓她自己做。

蘇珊告訴我，她相信改變即將來臨：「積極投入、健康快樂和活躍的眾多長者，現在他們為了爭取更公平的世界而奮鬥著，也終將替我們完成改變。」她期待其中的催化劑來自她所謂的「規範創業家」（norm entrepreneur）：「他們並不是傳統的社運人士，他們有點像是煽動者，人數愈來愈多，突然間人數如滾雪球般增加，速度愈來愈快，而原本像是噪音的東西頓時進入主流文化。」

第十章 社會的年齡解放：一種新的社會運動

終結年齡歧視的群眾集會

在最近一個反常的陰沉四月午後，我跟兩名研究生莎曼珊（Samantha）及伊吉（Iggy）搭火車前往紐約市，與中央公園外頭一群擁擠且濕透的人群並肩站著。我們來這裡參加有史以來第一個反年齡歧視集會，參與人士來自各種年齡、種族和背景——從坐在娃娃車裡的學步兒到九十多歲的社運人士。這個集會證實了一件與會人士都知道的事：社會是互相依存的大網，影響一個族群的因素就會隨著影響另一個。我們掛念著老年，年齡歧視的不公平讓我們心情沉重，不過這場社會各層面團結一致，聚集抗議的歡樂景象，是我不會輕易忘懷的事。

那天下午充滿鼓舞人心的演說和呼喊，市議員陳倩雯（Margaret Chin）發表了激動人心的長者權利辯護詞：「我們必須改變將長者視為社會負擔的危險說法，我們必須扭轉局面！」幾名紐約市民上臺分享自身的故事，講述遭受醫師、房東或雇主的年齡歧視，自製標語搶占頭上的空間（我的是一張愛因斯坦的照片，我在底下寫著：「你要僱這個人嗎？」）。場上還有「銀髮海妖」（Silver Sirens）令人振奮的舞蹈，這是由支持年齡正義議題的年長市民所組成的啦啦隊；還有黑人福音歌手黛安娜．所羅門格洛弗（Diana Solomon-Glover）以激動感人的唱腔，把民權歌謠〈絕不讓任何人改變我〉（Ain't Gonna Let Nobody Turn Me 'Round）改編成當天的主題曲：「絕不讓年齡歧視改變我／絕不讓任何人改變我／我要繼續前行，繼續訴說／直入自由國度。」

灰豹：過去和現在

在一九七〇年，一位名叫瑪姬．庫恩的六十五歲女性被費城一間教堂解僱，她原本在教堂負責社會推展計畫，涉及的議題包括爭取擴展低收入住屋等等。被迫退休後，瑪姬和幾名同樣因被指稱年滿六十五歲只好離職的朋友聚會，剛開始只是聚在一起發牢騷，但沒多久牢騷就變成了決心。在前幾十年的人生歲月裡，瑪姬曾參與民權運動和反越戰運動，親身體驗到基層團體對社會變革的影響力。瑪姬相信，儘管改變需要時間，但只要有足夠的熱情和努力，看似不可能的事情通常就會變得勢不可擋。

一年之內，瑪姬和她的朋友就吸引了成千上萬的人加入，她說明他們的目標是要以當時算是相當激進的觀念——老年其實是值得慶祝的勝利，取代對老年的普遍看法：「一種沒有人願意承認染上的災難性疾病。」

到了一九七〇年中期，瑪姬的小小牢騷已經產生足夠聲響，得到全國性的關注。一天晚上，有個機智的電視新聞人員描述他們是「灰豹」（基於為黑人爭取權利的黑豹運動），團體的名稱就此確定。

「灰豹」為了對抗年齡歧視，改變現狀，傾向使用訴訟，以及用幽默手法博得注意力的街頭喧鬧抗議。第一年運作的時候，他們在耶誕節前身著耶誕老人的服裝，前往一家百貨公司外面抗議其強制的退休政策，他們高舉嘲諷標語，指稱耶誕老人老到沒辦法在那裡工作。他們很失望美國醫療協會缺乏關注美國老年人的健康議題，便打扮成醫師和護理師，在集會中「上門診治」，然後做出診斷：美國醫療協會「沒有心」。他們在白宮前面抗議，要求總統會議納入老化的討論。瑪姬・庫恩甚至出現在廣受觀眾注目的《今夜秀》（*The Tonight Show*），和主持人強尼・卡森（Johnny Carson）詼諧對話，一夜之間成了民間英雄。

在一九九五年去世之前，瑪姬和「灰豹」已協助說服國會反對削減聯邦醫療保險（Medicare）的提案，並且通過法律，廢除多數行業的強制退休年齡。在過程中，他們證明了老年是自我決定和解放的時期，瑪姬想要她的美國同胞了解「我們不是溫順柔和的老人，我們必須產生改變，而且沒什麼好損失的。」

瑪姬將年輕的成員暱稱為「幼童軍」，這也是在她領導的時期為「灰豹」所留下的遺產。這些人有許多已在學術界及政壇擔任要職，包括老化政治經濟學的創立學者凱羅・艾斯提斯（Carroll Estes），以及美國參議員榮恩・魏登（Ron Wyden）。魏登在二十八歲時和八十二歲的退休社工人員共同領導奧勒岡的灰豹分會，現在則是美國國會支持老年議題的領導人物。

當現年六十六歲的傑克・庫弗曼（Jack Kupferman）大約十年前在紐約接掌「灰豹」時，這個由瑪姬・庫恩建立的組織已呈現一種生命暫停狀態。傑克告訴我：「當有感召力的領袖過世，又沒有留下運作的基礎架構時，就會發生這種現象，無法維持同樣的關注度。」[130]傑克說明在他格林威治村（Greenwich Village）的公寓經營一個基層團體所面臨的種種挑戰，他們缺乏預算，而且只有幾十個熱忱志工的協助。

傑克在接任「灰豹」的職務之前，已在紐約市老年部門擔任多年的律師。就某種方面來說，他付出了整個成年人生，為長者的尊嚴而奮鬥。成長過程中，他父母在紐約北部改建了一處舊農舍，經營現在稱為生活輔助設施的場所。住客宛如他的家人，其中一名退休歌劇演唱家還教他唱音階。

要去大學讀書時，傑克知道自己欽佩長者，但不知道如何把他們融入自己的生活。有一天，他偶然在電視上看到白髮蒼蒼的瑪姬．庫恩進行熱情的演說。「她就像是炸彈，就像在說：『打擾一下，為什麼有強制退休呢？』年齡歧視不只是老年人的問題，也是社會正義的問題。我們需要做出的改變，不僅是『大家過來一起高興開晃』的議題，而是要創造出更美好的世界。」於是，傑克去讀了法學院。

此後，他為尼泊爾的長者建立了識字計畫，為巴基斯坦年長女性設立小額貸款基金。在紐約當地，他促成紐約州審計員調查紀錄不良的安養院，並在桑迪颶風（Hurricane Sandy）[131]肆虐紐約市後組成特別小組，以確保年長紐約居民的需求被納入緊急救濟。傑克是在探訪過布魯克林一處疏散避難所後，開始著手這項行動，他見到幾百名行動不便的長者擠進一個體育館，他們全是被颶風摧毀的一家輔助生活機構的住客，傑克得知該機構的老闆甚至還沒打電話確認住客狀況，而且避難所沒有提供肥皂和足夠的食物，傑克怒火中燒。在新冠疫情發生時，長者受到類似的忽略，讓他的怒氣再次重現。

發起年齡解放運動

為了想像出年齡解放運動的可能性，我探究了成功塑造美國文化規範的其他社會運動，例如LGBTQ運動在短時間內改變了大部分美國人對同性關係的態度。在二〇〇四年，三分之二的美國人反對同性婚姻，現今有三分之二的美國人支持，而且出現在所有人口群體之間，跨越了各個世代、不同宗教和政治立場。

在思考社會運動策略時，我打電話給我爸爸，向這位社會學家收集見解。我爸在職業生涯早期搬到南方，協助支持民權運動，並在阿拉巴馬州歷史悠久的黑人大學塔斯基吉大學任教，我和哥哥在這裡度過人生的早期時光。在那段期間，爸爸透過調查報告和募款為運動作出貢獻。

我也用了我的研究發現，找到鼓勵有益改變的最佳策略。從這些多元資源中，我確認了三個階段：**群體認同**、**動員**和**抗議**，它們可以形成年齡解放運動，同時成功實現一個保護長者權利的社會（對抗結構性年齡歧視的具體策略可參考附錄三）。

年齡解放運動第一階段：群體認同

群體認同涉及建立一種族群的歸屬感，藉由讓成員察覺到自己是年齡歧視的靶子，協助他們看出年齡歧視是由可改變的社會力量所造成。這個階段的目標在於灌輸社會學家奧爾登·莫里斯（Aldon Morris）所說的「認知解放」，當人們集體決定抵抗污名化時，就會產生認知解放。

群體認同的核心部分涉及表達不滿，並且要結合研究證據，顯示這問題已造成的廣泛社會損害。這是「黑人的命也是命」（Black Lives Matter）[132]和「Me Too」[133]運動的關鍵組成部分，當時關於種族和性侵犯，各種強烈且經常讓人恐懼的個人故事被放大，經由令人信服的數據，證明種族歧視和性別歧視這兩個潛在問題已根深柢固普遍存在。

在帶來女性解放運動的族群意識覺醒中，群體認同扮演了關鍵角色。貝蒂．傅瑞丹（Betty Friedan）一九六三年的暢銷書《覺醒與挑戰：女性迷思》（*The Feminine Mystique*）是這項認同的濫觴，本書源自她在史密斯學院十五週年同學聚會中的整體審視，當她意識到同世代女性間普遍彌漫著不快樂的情緒，開始調查這個她稱為「無名問題」（the problem that has no name）在結構上和文化上的基礎。透過數百個意識提升團體，她啟發女性分享個人的奮鬥故事，這些經歷的廣泛本質讓她們找到了共通點，並且團結一致。

近來，圍繞在年齡歧視的組織性意識覺醒行動一直在增加，這些行動的一個領袖團體是位於英國的「國際年齡協助」（HelpAge International），他們致力於幫助長者對抗歧視、克服貧困。「國際年齡協助」的對抗年齡歧視計畫主任潔瑪．史托維爾（Jemma Stovell）告訴我，她發現到一個問題：她遇到的許多長者沒有聽過年齡歧視的概念。這是因為語言對此不見得有相應的名稱，許多人不習慣將這種對年長者的苛待認定為基於年齡的污名，當人們終於得到用語，足以表達長者承受的持續苛待，都會讓潔瑪目睹到一種頓悟的時刻。一名來自吉爾吉斯的長者告訴她，有一群年輕人嘲弄並攻擊在市場賣東西的老婦人，在學會年齡歧視這個用語之前，他原以為這種攻擊只是單純的「刻薄」。有了這種新的認知，他突然意識到攻擊者很可能是受到年齡歧視的驅使。

「國際年齡協助」在其協助世界各國意識覺醒的工具箱中，加入了描述老年人的諺語，證明年齡歧視是如何深植在研討會所在地的文化當中。這些諺語包括：「像椰子殼一樣沒用」（泰國）、「鬍子生白髮，肋骨現魔鬼」（俄羅斯，意指男人老了就好色），以及「老掃帚要丟進火裡」（德國）。

網路也促進了意識覺醒，韓國一群反年齡歧視的社運人士張貼了一張照片，顯示一個年輕人拿著一把傘，傘上貼了許多年輕人被保護的權利，而旁邊站著一個老年人手持光禿禿的傘骨，地上散落著紙片，列出許多老人未受保護的權利。這個意象有如病毒般散播開來，幾十國的人們開始分享本地版本的照片。

年齡解放運動第二階段：動員

打造運動的第二階段就是動員，需要以減少污名和不公平待遇等共同目標，將群體成員聚集在一起。羅莎．帕克斯（Rosa Parks）如今被稱為是開啟「蒙哥馬利公車抵制行動」（Montgomery Bus Boycotts）[134]，以及推動民權運動的女性，較少廣為人知的是，在拒絕讓座給白人男子的公車事件四個月前，她在海蘭德民間學校（Highlander Folk School）結束了一個研討會，海蘭德是位於阿帕拉契山區的社會正義領袖培訓學校，她在此學到以非暴力和公民不服從作為一種策略。海蘭德民間學校創辦人邁爾斯·霍頓（Myles Horton）表達該校精神在於：「不是作為個人，而是群體作為一個整體，得到解決問題所需要的大量知識。」儘管他的焦點在於公民權利和勞工問題，這個見解同樣適用於對抗年齡歧視。

網路也以過去無法想像的方式協助了動員。例如，「在網路傳遞」（Pass It On Network）這個長者組織團體，現在以線上平臺在四十個國家運作，傳播老年相關資訊，其中包括因年齡歧視而來的社會問題。

藝術是另一種可用於動員的途徑，加拿大一個團體籌組了跨世代的舞蹈快閃族，從十四歲到九十二歲的參與者在購物中心等公共空間逐漸加入彼此，共同演出相同的舞蹈動作。就像其中一名舞者指出，他們的目標是團結舞者，創造「打破普遍持有的年齡刻板印象」的舞蹈表演。還有巴西社運人士奧古斯托·鮑爾（Augusto Boal）所創辦的「受迫者劇院」（Theater of the Oppressed），觀眾在這裡成了演員，先是目睹演出的偏見例子，然後在舞臺上參與應對之道。在名為《推諉了事》（*The Runaround*）的表演中，觀眾先是觀看一名年長角色被她的保險業者以年紀太大為由，不肯提供她緊急的牙齒治療，接著，觀眾被鼓勵上前質疑醫療保健體系中關於年齡的不公正現象。

諷刺文學是另一種動員人們的有效方式，強納森．史威夫特（Jonathan Swift）在我很喜愛的作品《格列佛遊記》（*Gulliver's Travels*）中，就諷喻了英國社會的眾多層面，其中包括年齡歧視：他想像出一個住著神秘生物史卓柏（Struldbrug）的國度，史卓柏永遠不會死，只是在年滿八十歲後就會被剝奪權利、財產和尊嚴。儘管史威夫特是在三百年前寫下《格列佛遊記》，但每年我和學生一起讀這本書時，總是十分震撼書中寓意仍在今日引起深切共鳴。

最近一次的年齡歧視諷刺作品出自電影界，在影片中，當時三十多歲的喜劇演員艾米．舒默（Amy Schumer）無意間闖進為茱莉．路易絲卓佛（Julia Louis-Dreyfus）舉辦的戶外派對，這是為了慶祝五十多歲的路易絲卓佛被送上船前往外海之前，仍具有性吸引力的最後一天。她向艾米解釋：「在每一個女演員的人生中，媒體會決定妳何時已來到再也無法讓人相信具有可×性的時候。」艾米目瞪口呆地問：「妳怎麼知道？誰跟妳說的？」蒂娜．費插嘴：「沒有人真正公然告訴妳，但有跡象。」茱莉又繼續說，去電影片場、去戲服部，他們唯一為妳準備的是長毛衣，就是把妳從頭到腳包起來的那種東西。在這五分鐘小短劇中，女星設法解決好萊塢、時尚界及我們文化中將長者去性感化的年齡歧視傾向，而這齣短劇的線上觀看人次接近七百萬次。

年齡解放運動第三階段：抗議

任何有效的社會運動最後階段就是抗議，參與者將能量轉向造成他們被邊緣化的結構性來源，以期引燃社會變革。

一個成功的年齡解放運動可以藉由年長選民的強大力量來支持，年長者除了代表美國人口愈來愈重要的一部分，也擁有史上最高的投票率。

利用這樣的政治影響力，年齡解放運動可以要求一場由政府支持的反年齡歧視公共資訊宣傳活動。此外，可以遵循反菸運動的活動模式，反菸運動不只在發源地的美國，在包括荷蘭和紐西蘭在內的許多國家，都取得極大的成功。正如反菸運動有其中心思想「抽菸有害健康」，新的公共資訊宣傳活動可以警示：「年齡歧視有害健康。」它可以闡明年齡歧視對認知和身體各方面結果的有害影響，這些影響已記錄在我的團隊研究中。宣傳渠道非常廣泛，可以包括社群媒體、電視和平面媒體。

年齡解放運動也可以在私人部門行使力量。在美國，五十歲以上的人口占據大部分的消費支出，這種趨勢也逐漸擴展到全球各地。例如在英國，年長人口占據二〇一八年54％的消費支出，這個數字預計在二〇四〇年會增加到63％。

儘管適合的目標範圍很廣，但宣傳年齡歧視最強力的行業卻是廣告業，因為它支持了大量的傳統媒體和社群媒體，因此，具體目標在於終結廣告業對老年人的貶低呈現，並要求納入長者的正向和多元形象。

其他抗議目標可以是電視和社群媒體，電視有雙重問題：廣告本身經常帶有年齡歧視，而節目中的角色又往往依據負面年齡刻板印象設定。社群媒體網站則是如同我們的研究所顯示的，提供了另一個貶低長者的論壇。

處理這個問題的第一個步驟是和廣告業者進行討論，讓他們了解促進負面年齡信念的做法會帶來危害健康的後果。如果討論沒有帶來改變，可以抵制刊登這些廣告的媒體平臺和公司。

在二〇二〇年七月，超過一千家公司加入了「停止仇恨獲利」運動，威脅要抵制Facebook，除非這家社群媒體巨擘停止傳播仇恨和危險主題的貼文，像是種族歧視與面向選民的不當資訊。包括歌手凱蒂・佩芮（Katy Perry）和演員薩夏・拜倫・柯恩（Sacha Baron Cohen）在內的各界名人，都表示支持這項抵制。這項運動取得某種程度的成功：Facebook宣布成立新團隊研究跟阻止演算法的種族偏見。然而，這些要求都沒有包括年齡歧視——再次證明長者需要自己的社會運動。

在國際層面，年齡解放運動可以要求恢復一項有價值的聯合國倡議：《促進與保護長者權利、尊嚴的法律措施》（*legal instrument to promote and protect the rights and dignity of older persons*），其中包括打擊年齡歧視。不幸的是，多數聯合國會員國都予以拒絕。

幾年前，當我參加一個由一百九十四個聯合國會員國組成的工作小組，討論這條關於長者權利的公約，以及如何讓它執行時，我聽到長者針對緊急救濟的需求發表慷慨激昂的證詞。我得知，低中收入國家有60%的長者回報，因為年齡因素無法得到需要的醫療保健，而針對一百三十三個國家的調查中，只有四十一個國家有立法防止暴力、虐待和疏忽年長者。我也聽到演說者描述包括美國在內的許多國家，人們是如何隨著年齡增長得在買藥或買食物之間作選擇：在年長的美國人中，貧困率從六十五歲到六十九歲年齡層的7.9％，增高至七十歲到七十四歲的8.6％，七十五歲到七十九歲則是9.5％，而年過八十更達到11.6％。

然而，美國代表團拒絕批准這項聯合國公約。午餐時，我設法坐到美國外交代表旁邊，問我對她演說的理解是否正確，結果發現我沒聽錯。在她咬烤馬鈴薯的間隙中，她重申就官方的眼光來看，並不需要訂立公約來保護長者，因為他們已經涵括在失能公約裡。我目瞪口呆，將長者權利和失能者權利合而為一，實在沒有道理，拒絕考慮讓人不安的國際和國家數據也是如此。儘管保護失能長者至關重要，但保護長者的整體權利也同樣重要。

跨世代聯盟

任何有效的年齡解放運動都必須由最受年齡歧視影響的人來領導，也就是長者本身。失能權利運動的宣傳口號相當有名：「關於我們的事，沒有我們就不行。」不僅表現出想要推翻失能者遭到邊緣化的情況，同時強調自我決定的需求。

同時，年齡解放運動最好是跨世代的行動，年輕人經常沒有意識到對老人的歧視，可能不會將其視為急切的議題，但動員過程應該說服年輕人相信，年齡歧視的受害者不只是他們的父母或祖父母，還包括未來的自己。此外，年輕人也愈來愈意識到社會正義的重要性，許多人加入聚集不同年齡層的運動，像是關注氣候變遷的「日出」（Sunrise）行動[135]，這種背景使得年輕人成為潛在的模範盟友。

跨世代進行的優點在於年輕人可以提供有用的看法，好找出需要處理的年齡歧視領域，蕾琪拉·弗斯特（Rachella Ferst）就是這樣的例子，她是傑克·庫弗曼招募來協助「灰豹」一個暑假的大學實習生。蕾琪拉在新加坡長大，移居美國就讀高中後，她沮喪地發現很多人都用負面角度談論長者。她想知道這是否是因為長者被排除在她這個新家的教育課程之外。

蕾琪拉認為她致力於老年正義，是因為家中有祖母陪伴她長大（新加坡經常三代同堂），還因為新加坡以有意義的方式將長者融入學校課程。從十三到十六歲，她班上的同學會定期造訪附近的長者，因為這是學習歷史，還有跟長者練習不同語言的好機會。新加坡年輕人大多以英語作為第一語言，在學校學馬來語、中文或坦米爾語，這些語言恰好是新加坡長者的第一語言，此外，蕾琪拉的學校鼓勵學生向長者請教他們對歷史事件的看法。經過「灰豹」的暑期實習後，蕾琪拉想要發展整合長者需求和經驗的教育內容跟政策。

跨世代年齡解放運動會讓年輕人跟年長者一樣受益。二十一歲的奎恩（Quinn）是柯蓋德大學的足球員，前往「灰豹」實習之前從未聽過年齡歧視，但是實習列表上提到參加聯合國會議的額外好處，他很感興趣，於是碰運氣申請看看。而他從這次實習經驗中不只得到和外交官交談的經驗，還帶來一種全新的想法。

夏天結束時，奎恩發現年齡歧視無所不在，他了解到，這就是為什麼他的爺爺會被Energizer電池製造商解僱，在公司告知他們需要新點子後離開職場。奎恩解釋說，「灰豹」幫他看出這種解僱是年齡歧視，因為任何年齡的人都可以想出新點子。他也意識到當祖父母或父母因科技問題向他求助時，自己也出現了年齡歧視，雖然他會替長輩解決問題，但不會像對同學那樣，教他們如何自己解決，因為他認定他們對科技一竅不通。能夠意識到長輩並非如此，是一種微小但深刻的體認，現在他想要追隨傑克的腳步，成為全職的年齡解放運動人士。

傑克對「灰豹」的實習與更全面的動員計畫有個目標，就是將各個世代連結在一起，「可以更加呈現我們真正的樣貌，而不是我們在刻板印象中的樣貌。」

文化的重新定義：美麗地變老

成功的年齡解放運動可能產生一種氛圍，不僅有益於所針對的機構，也有助於成員看待自己的方式。因為它會在成員之間帶來更大的自我價值感，而這反過來又會促進文化的重新定義，也就是說制定老化的新方法。這種重新定義可能包括將社會隱含貶義的年齡認同，轉換成為自豪甚至挑釁的屬性。

文化的重新定義對長者尤其重要，因為他們不是一開始就屬於邊緣族群，終身的邊緣族群已發展出心理保護機制，讓成員不受負面刻板印象影響。而邁入老年的人通常必須自行發展出保護機制，文化上的重新定義提供了一種透過召集群體支持來重寫年齡密碼的方式。

民權運動的「黑就是美」（Black is beautiful）口號，以及同性戀運動對被污名化的名詞「酷兒」（Queer）提出主張，讓我們看到了文化重新定義的例子。對年齡解放運動來說，類似的重新定義可以著重在皺紋及其對社會象徵的意義，還有對出現皺紋的人所造成的意義，如同四十五歲女星瑞絲．薇斯朋（Reese Witherspoon）接受訪談時所說，皺紋不僅僅是自然的，而且是**艱苦贏來的**：「我有很多經驗，我可以深思熟慮，談論我想在世上看到的改變，我就是感覺白髮跟皺紋都是我贏來的。」

我的朋友史黛西・戈登（Stacey Gordon）在四十五歲左右展開了非營利的「皺紋專案」，那是在她了解自己「不再是年輕的社工人員、年輕的老師、年輕的媽媽，也不再是年輕人」之後。她說：「我是中年人，本來很難接受，你知道的，我開始長白髮，到處出現細紋，就像大部分的女人，我開始覺得受到冷落。」約莫同個時期，她從自己的社會工作中意識到，社會的年齡歧視甚至滲透到家庭事務：「我有很多工作都是在面對說這種話的成年孩子：『我爸媽需要做這個或那個。』他們甚至都不考慮長輩的意見。」

因此史黛西想出了「皺紋沙龍」（Wrinkle Salons）的點子，讓大家聚在一起分享變老的經驗。這個沙龍不是只跟皺紋有關，史黛西選擇這個名字，是因為具有象徵力量，也有助於從數十億美元的抗老產業拿回皺紋的真正意義，抗老產業透過廣告，對身體的老化跡象注入讓人恐懼的意象，進而獲取可觀的利潤。她最近告訴我：「害怕皺紋的想法阻止我們好好變老，阻止我們隨著年紀成為完整真實的自我。我們出現皺紋，然後就認為：『哦，我們開始變老了。』而這正是你的研究一開始就談的議題——變老會引發我們內化的年齡歧視，除非找到方式預防。」

我很高興史黛西邀請我協助她引導第一場皺紋沙龍活動。史黛西本來只計畫邀請中年人，因為他們開始進入過渡階段，準備進入老年時期，可能特別容易省思，樂於接受新的思維方式。我建議也邀請長者，因為我的研究發現，當老化變得跟自我產生關聯時（意指身處其中），也是產生新觀點和建立新連結的好時機。我們一致認為，將幾代人融合在一起，可能會激發世代間彼此獲益的想法交流。

我們籌辦了一個由十一名女性組成的多元小組，她們的年齡在四十五歲到九十五歲之間，共進行三場九十分鐘的談話會。在前兩場隔週進行的談話會中，出現了幾個主題。首先，老化通常是「房間裡的大象」（the elephant in the room）[136]——幾乎隨時存在我們的腦海中，卻從未討論的重要主題。其次是，多數參與者都經歷過嚴重的年齡歧視，她們談到在職場或醫療診間被貶低人格，被當成「恐龍」或「沒人要的破車」。

我們的第三個想法是，如何對抗年齡歧視、欣賞變老的好處。例如，五十九歲的艾莉森（Alison）提到，雖然她時常覺得同事不理她，是因為她是團隊中年紀最大的護理師，但她也意識到自己享受邁入老年。「我真的感覺很好，我養大了孩子，我喜歡我的工作，為我關心的事業作出貢獻，而且在人生下個階段有許多目標。我感覺自己有眾多可以運用的經驗，我見識過，我辦到過，我克服過，現在我可以幫助正在經歷這些體驗的人。」

羅娜（Rona）是六十四歲的詩人，她說有時會發現自己對老化發出了「仇恨言論」，其中包括為自己的皺紋感到羞恥。為了解決這件事，她決定嘗試一種新手法：想像睿智的長者針對這樣的言論，會對她說什麼。「她可能會說：『這沒道理，妳用不著因為年齡就對某些事感到焦慮。不年輕並不表示妳變得比較差，皺紋可以展現經驗和美麗。』」

羅娜也表示，在小組享受到的老化肯定，讓她想到可以隨著年紀增長而出現的一種語言轉變。她問一起參與沙龍的人：「如果我們把『我看起來如何？』（How do I look?）這句話的意思，從擔心我們在別人面前的模樣，改為『我如何**看**？』（How do I look?），以欣然接受老化的角度，把變老當成有意義地往外凝視自然美景跟更重要議題的時期，那會怎麼樣呢？」

在第三場也是最後一場談話會中，大家都轉而討論前兩場談話會是否改變了她們對老化的看法。有一位沙龍參與者是名為維洛妮卡（Veronica）的六十八歲治療師，她表示「皺紋沙龍」改變了她的想法，她原本一直「如夢遊般經歷年齡歧視的議題，因為這只是生活的一部分，現在妳們創造了這個空間讓人討論、省思、思考，現在我清醒了，也感到更加有意識。我開始留意別人對待我的方式，注意到這一點可以作為緩衝，並在某種程度上發揮保護作用。」她解釋說，要消除內化年齡歧視的影響，「我們必須跟長者互動，感受他們的活力、好奇心和潛力，刻意讓自己接觸到不同的說法，所以我會找睿智的年長女性談話，幸運的是，這個小組就有好多位！」

聽到皺紋沙龍一些比較年輕的參與者提到，為了看起來年輕，為了避免透露年齡而感到壓力，最年長的小組成員、九十五歲的退休校長茱麗葉（Juliet）表示，她現在會特意告訴別人她的歲數，尤其是在她觀察到對談話會有幫助的時候。她解釋說，這種方式是用來提升她年長的身分，意思是說「『我很聰明，別小看我。』我不想被無視，這讓我非常顯眼。」她同時指出：「我現在比以往任何時候都更能接受我的身體。」

取回皺紋的意義，是藉由重新定義老化來對抗年齡歧視的一種方式，如同社運人士兼學者伊布朗・肯迪（Ibram Kendi）所寫的：「要成為反種族歧視者，需要建立跟生活在一種美的文化之中，這種文化是要強調，而不是抹去我們自然的美好。」這句話也可以用在反年齡歧視上，不要用「抗老」乳霜詆毀老化，我們需要，也能夠將文化轉變成強調各種年齡的自然之美。

喬艾妮・強森（JoAni Johnson）六十七歲，留有一頭及腰灰髮（「如瀑布般的月光色秀髮。」一名《衛報》記者如此形容），這位年齡解放運動的社運人士最近被歌手蕾哈娜（Rihanna）選為Fenty的形象面孔，Fenty是蕾哈娜與法國時尚集團Louis Vuitton合作打造的新品牌。考慮到《*ELLE*》雜誌上只有3%的模特兒年過四十，蕾哈娜的舉動相當大膽。強森在六十四歲時，決定自己準備好嘗試新事物，便開始擔任模特兒：「我認為我在做的不是平常的模特兒生涯，一六二公分、黑人、六十七歲，我不是一般定義的典型模特兒。」強森感謝她九十歲的母親，這位從牙買加來到美國的移民向她展示了，美在生命過程中會以許多形式存在。最重要的是，強森重視變老賦予她的一切：「變老給我經驗，讓我知道自己克服過困難的挑戰，像是我先生的離世，這讓我有信心面對接下來的一切。」

文化上的重新定義可以促進良性循環。當個人身為長者的價值感愈高，就愈有可能參與年齡解放運動，而這項運動也會更進一步增加他們身為年長者的價值感。

年齡解放的引爆點

年齡解放運動是一種理想，但不是烏托邦般的夢想。由一百九十四個會員國組成的世界衛生組織近來首度發起對抗年齡歧視的運動（我很榮幸擔任這次運動的科學顧問）。美國國家衛生院開始實施一項新政策，提高臨床試驗的年長參與者比率。此外，美國心理學會、美國老年學會和英國的「國際年齡協助」組織已就年齡歧視的危害發出緊急警告，而紐約市的「灰豹」成員繼續尋找新方法來對抗年齡歧視。

這些有組織地抵制年齡歧視的零星範例，可能會為未來的運動提供種子。八十九歲的南非主教戴斯蒙·土圖（Desmond Tutu）指出：「在自己的所在之處進行一些微小的善舉，而正是這些集結的善舉可以征服世界。」

傳統的想法認為需要占多數，也就是至少51%的人口，才能引發社會改變。不過，賓州大學戴蒙·山度拉（Damon Centola）及團隊所進行的有趣新研究顯示，當25%的人口決定改變的時候到了，社會引爆點就可能發生。換句話說，堅定的少數可以發揮超乎實力的力量。這個結果與職場的性別歧視研究相符：哈佛商學院的羅莎貝絲・莫斯・坎特（Rosabeth Moss Kanter）表示，如果有一群人數雖少但意志堅定的女性在推動辦公室規範的變革，她們的確能夠成功改變整個文化。

想一想，世上有24%的人口超過五十歲（儘管並非每個五十歲以上的人都相信對抗年齡歧視的好處，但這是年齡解放公共意識運動的目標），或許，這些人要成功動員來對抗年齡歧視，所需要的只是額外加入1%人口，就能達到山度拉認定的25%，引發社會變革所需要的比率，這將是一個引爆點。在對這現象進行的研究中，研究者發現只要將一個人加入社會運動少數派，就可以將他們的努力從完全失敗（除了原本忠貞的少數派，外部人士完全沒有改變觀點）轉變成完全成功（整個群體都轉變為新觀點）。延伸來看，一個看似失敗的運動或許實際上正站在即將成功的臨界點，這表示每一個人，每一個意識到年齡歧視、決定對抗的人，都是讓我們更為接近嶄新現實的人。

這就是我結束史上首度的反年齡歧視集會後，返家途中所思考的事。一項運動在開始就擁有如此大的潛力——它所需要的只是動能，一場民眾支持的浪潮。

集會進行到一半時，臺上的主辦人注意到我站在人群中，對著我大聲致意。她告訴群眾，我的研究啟發了這次活動，所有人都轉頭看我。我揮手致意，露出自豪又難為情的微笑。那天晚上，我在驚訝狀態中搭火車返回紐哈芬，一直以來對我像是少數人艱苦戰鬥的事，居然成了一場屬於許多人的激昂運動的開端。

後記　一個沒有年齡歧視的城鎮

有時候，人們夢寐以求的東西就在自家後院。結果發現，我不必大老遠跑到日本或辛巴威，才能找到正向年齡信念的蓬勃文化。

不久前的一個夏日，我跟家人造訪位在東北王國深處的格林斯博羅小鎮，它在佛蒙特州偏遠丘陵地帶的一隅，鄰近加拿大邊界，或許你還記得這裡就是南希·瑞吉創作地景迷宮的地方。我期待綠山山脈令人屏息的美景、充滿鱒魚和潛鳥的原始湖泊，而且我最近才知道我最愛的乳酪（Harbison，一種以雲杉樹皮包裹的美味濃郁乳酪）就來自格林斯博羅的一處農場。考慮到我對乳酪的熱愛，以及這座小鎮就在去我爸媽家的路上，所以就有了那場午後之旅。

而沒想到的是，我在這裡發現了一個不存在年齡歧視的地方。

我們在中午抵達這座遠離高速公路的小鎮，鎮上毫無交通號誌，主要街道傍著卡斯賓湖（Caspian Lake）蜿蜒而行。我們在鎮上的威利雜貨店（Willey's）休息，享用了咖啡和三明治，這裡也是當地的熟食店、加油站、五金行、咖啡館及小鎮廣場，店裡的紅酒、楓糖漿、釘子和靴子全都放在同一個貨架上。

當我們在前廊啜飲咖啡時，我和一名剛搬了一袋沉重肥料上卡車的女子聊了起來，她喝著檸檬水，友善且毫不設防，一如這座佛蒙特小鎮的風格。閒聊間，我發現自己也用這樣的態度回應，當我告訴她，我是以研究老年為生時，這位叫做凱羅·費爾班（Carol Fairbank）的女士告訴我，我來對地方了。

凱羅是位深褐色頭髮的白人女性，接近五十歲，從事平面藝術工作，幾年前從麻州一座大城市搬到格林斯博羅郊外的小農場。我問她搬來這裡的原因時，她說是因為她熱愛滑雪：這地區一年有四個月都是坡道和越野滑雪者的天堂。當她在晴朗的冬日早晨登上斜坡時，「山坡上幾乎每個人都白髮蒼蒼，他們風馳電掣滑過山坡，享受人生。」她搬來這裡還有一個原因，就是第一次造訪時，她便意識到自己想要在格林斯博羅變老。

她在格林斯博羅交的很多朋友都是長者，很多人都非常活躍獨立，冬天穿雪鞋健行，春天自己堆存柴薪，夏秋從事園藝。凱羅描述他們如何互相關照：獨居在大房子裡的人經常把房子隔成房間跟獨戶套房（在當地改造住屋以便讓長者融合進入社區的組織協助下），再出租給別人——長輩跟年輕人皆可。這使得人們只要願意，可以在家裡養老，也可以搬入公共住屋。對於經濟拮据的銀髮族，鎮上盡可能提供免費餐點跟價格合理的住屋。全年開設的藝術課程和文化節目大部分都是免費或設有補助，所以每個人都能參加。這裡冬天很冷，但凱羅用渴望的語氣，在攝氏三十二度的高溫下將冰冷的檸檬水壓向額頭時說：「冬天可以滑雪、滑冰，有熱可可跟熱湯，還有大家都參與其中的感覺。」

在威利雜貨店對面，有三名年長女性正在穀倉正面懸掛一大面橫布條。兩人站在梯子上，第三個人戴著遮陽帽，站在地面指揮，她透過測量儀來確認是否掛正。「高一點！」她大喊：「左邊，高一點！」橫布條上寫著：「貝絲，一百歲生日快樂！」

凱羅露出笑容，繼續向我介紹鎮上最熱門的俱樂部「格林斯博羅女士步行協會」（Greensboro Ladies’ Walking Society）。有將近一百名會員，會員幾乎都超過七十歲，她們每週會約三個早上，一起散步和社交，其中有個成員最近剛滿一百歲，她的朋友忙著把橫布條掛在她經過時會看見的地方。

「不邀請男士嗎？」我先生問道。

「男士可以參加，但主要開放給女性。只是，他們也不太可能會嫉妒。」凱羅說：「因為他們也有自己的組織。」凱羅說的是「羅密歐協會」（ROMEOs，意指「退休男人出去吃」〔Retired Old Men Eating Out〕），這個團體一星期聚會一次，到湖邊的小酒館共進午餐，即使還沒正式退休也可以參加。幾十年前，在格林斯博羅有一棟房子的威廉·倫奎斯特（William Rehnquist）曾要求加入，儘管他當時還在擔任美國最高法院首席大法官，協會還是讓他參加了。

凱羅在「鄉村藝術」協同組織（Rural ARTS collaborative）開設課程，組織名稱中的「ARTS」其實是代表「藝術、娛樂、技術和永續性」（Arts, Recreation, Technology, and Sustainability），他們讓居民聚在一起參加課程和活動，經常吸引到各種年齡層的熱情參與者，從四歲到一〇四歲不等。「鄉村藝術」的目標是鼓勵創造力，促進鎮民之間的交流，否則他們可能沒有機會成為朋友，我後來發現這個組織已成為該地區促進跨世代活動的模範計畫。例如，冬天舉行「熱湯與永續之夜」，人們圍繞在一鍋熱湯旁邊，觀賞討論環境議題的影片，聚會一般由居民專家主持（通常是長者，但有時候是青少年）。

凱羅在「鄉村藝術」的一項工作是管理稱為「火花」（Spark）的工作空間。

她告訴我：「火花的空間在教堂地下室，但它不是玩賓果或做通心粉工藝的地方，而是非常高科技，我們有3D列印機、大圖輸出機、掃描器和雷射切割機。」這個空間設計來激發各種年齡層的創造力。「走進這裡，就會打破一些刻板印象，可以看到長者在這裡展開網頁設計業務，有的在為地方遊行列印大型布條，用電腦製作藝術品。」

這時候，剛才在指揮懸掛生日橫布條的年長女士走了過來，邊走邊吃著冰淇淋甜筒。她無意中聽到我們在談「鄉村藝術」中心，也想過來分享經驗：「我一直用它來印歷史學會的資料，那真是**高速**印表機，我告訴妳哦，一分鐘就可以印二十頁、三十頁。」她自我介紹，她是格林斯博羅歷史學會的聯合主席南希·西爾（Nancy Hill），剛滿八十六歲，表示自己也決定在格林斯博羅享受晚年。她是這裡的第四代居民，在法國和泰國工作多年後，重新回到鎮上生活。

當南希得知我正在寫一本關於老化的書籍時，她告訴我格林斯博羅是完美的地點。她解釋說，格林斯博羅和美國大多數地方不太一樣，對全世界來說也是如此。這裡人口的年齡偏高：40%的成年人口超過五十歲，而年齡中位數是五十二歲，全世界其他地區的年齡中位數則是三十歲。老年人口關係非常緊密，和年輕世代也是一樣。例如，這裡有許多跨世代讀書會和寫作團體。她補充說：「我們這裡到處都是讀者和作家。」在圖書館委員會服務時，南希協助設立了一個書架來彰顯格林斯博羅的作家。「我們以為大概可以找出十到二十個作者，結果，我們發現了這裡出了一百五十位以上的作家！」她列出較知名的幾位，包括普立茲小說獎得主華勒斯．史達格納（Wallace Stegner）、亞裔美國小說家任璧蓮（Gish Jen），以及人類學家瑪格麗特．米德（研究太平洋地區的敬老文化）。

「但都不像格林斯博羅女士步行協會那麼有名。」凱羅眨眨眼補充，南希大笑。幾年前，當南希回到格林斯博羅，她開始跟幾個朋友在小鎮周邊晨間散步，而一些朋友則從小鎮的另一側散步。某天，兩組人相遇，決定合併，格林斯博羅女士步行協會從此就如滾雪球般擴大。

南希解釋說：「這跟社交有關，也跟散步有關。」這個團體走遍了東北王國地區，也一起旅行，旅行地點除了麻州的南塔克特島（Nantucket），也遠赴荷蘭。「保持活躍很重要，但不僅於此，這是關於……」南希頓了頓，努力思索完美的字眼——「**參與**，對，就是這個詞，足以形容這裡人們的生活方式。」

午餐後，我和家人在鎮上散步，享受夏日清新的青草氣息，欣賞翠綠的田野，以及一眼望去盡是魚鱗板農舍的幽靜鄉間小巷。忽然間，一大一小的兩個小丑衝出一座大型紅色穀倉，打破了寧靜的時刻。一名特技演員從屋頂一躍而下，我愣了一下才反應過來。

後來我們跟比較年幼的小丑聊天，他是個青少年，名叫麥可（Mike）。他告訴我們，這裡是史莫克斯馬戲團（Circus Smirkus）的本部，是美國唯一的青少年巡迴馬戲團，吸引世界各地的青少年前來格林斯博羅進行訓練及演出。我們站著觀賞特技演員表演近乎神奇的動作，在佛蒙特的偏遠角落，見到有人完全無視重力在空中飛翔跳躍，真讓人驚嘆。特技演員中的一名指導者有著一頭白髮，另一名以俄語大喊。麥可說這是他參加史莫克斯的第二個暑假，每年夏天都有不同的主題，今年的主題是「飛行的創造發明」。他告訴我，長者除了擔任馬戲團職員，也會一晚又一晚前來觀賞表演，提供大量捐款，給予馬戲團相當大的支持，而這些捐款讓馬戲團得以提供獎學金給負擔不起訓練費用的人。

我們繼續散步，注意到各處車庫和棚屋門上釘著宣傳夏日系列室內樂的橫幅和傳單。下星期會有弦樂四重奏從紐約過來，而月底則有一名年長大提琴家從洛杉磯飛來。在院子餵雞的男士見到我們瞇眼探看釘在他家棚屋的傳單，向我們揮揮手，走過來問我們是不是「夏天訪客」。

「我們其實是午後訪客。」我告訴他：「只是路過。」我補充說，我們算是無意中發現了這個小鎮，這裡讓我深深著迷，考慮到我的書的主題，這裡像是老年人的安樂窩。哈洛德露出笑容點點頭，說他很樂意舉例說明為何如此，不過，他先問我女兒會不會想試試看餵雞。

當兩個女兒在雞舍附近撒穀粒時，我和八十一歲的哈洛德．葛雷（Harold Gray）喝著自製檸檬水（看起來格林斯博羅的每一個人都愛這種飲料），一邊聊天。他過去曾和美國和平工作團（Peace Corps）在喀麥隆待了好幾年，後來在華盛頓特區的美國國際開發署進行職業生涯，前幾年退休來到格林斯博羅，他在這裡找到了為地方報紙寫文章和攝影的新工作。他愛上這地方的原因是，這裡有著難以置信的社群意識，以及讓老年人能夠參與有意義活動的眾多機會。

結果發現，哈洛德屬於兩個以傳奇羅密歐協會為藍本的社群團體。第一個是每週一次的早餐聚會，和當地官員、政治新星討論政治（這些官員和政治有志者也跟格林斯博羅女士步行協會聚會）。哈洛德參加的另一個團體則是每週共進一次午餐，沉思人生的重要想法，他們最近的主題包括未來的星際太空旅行（團體成員包含一位退休太空人和一位行星科學家），以及像是「諷刺是遺傳的嗎？」等問題。

哈洛德給我看了一張午餐團體的合照，一群充滿笑容的男子圍坐在桌子旁，他向我介紹大家：「他是土木工程師，這位以前是牧師，那位是退休的科學老師，還有這位是寫過美國獨立革命的教授。」他指著其中一人，介紹這人名叫提姆（Tim），經營鎮上唯一的汽車修理廠，經常被選為格林斯博羅鎮民會議的主席。「他以謹慎的方式帶入所有世代的聲音，具有受人尊重、被村莊接納的特質。」

哈洛德所加入的兩個團隊都是為了促進「友誼」而成立——這是他在描述大家的時候一再提起的字眼——這件事讓我覺得很受鼓舞，因為在美國，年長男性比年輕人或年長女士更容易陷入社交孤立和孤獨的困境。相形之下，在哈洛德描述的這個社區中，同輩間的聯繫似乎仍繼續維持，甚至進一步擴大。

哈洛德問我和先生是否讀過華勒斯．史達格納的《終得安全》（*Crossing to Safety*），我們沒看過。哈洛德告訴我們，這本書是關於史達格納每年夏天來格林斯博羅避居的經驗，而書名取自羅伯特．佛洛斯特的詩，這首詩提到「終得一個更好的地方，一個更為寧靜、讓人情緒更為穩定的地方」。

他接著分享他對於格林斯博羅的理論，這裡的人口在夏季從七百人增至兩千人。「人們在這裡度過夏天，有時候也來這裡過退休生活，這讓格林斯博羅有別於許多地方，居民的原生家庭親屬通常住在他處。因此，人們比平常更依賴友誼，在格林斯博羅跟朋友、鄰居建立了如同第二個大家庭的關係。」

這可能有助於解釋為什麼哈洛德活躍於政治和新聞領域，並為需要的長者送免費餐點，同時也積極參與公共圖書館的理事會。他的妻子課輔當地孩子，在大自然保護協會（Nature Conservancy）幫忙，也是驕傲的格林斯博羅女士步行協會成員。我記得在威利雜貨店認識的年長女士南希．西爾曾告訴我：格林斯博羅的老年人樂於參與。

哈洛德跟我們說，離開小鎮前不去卡斯賓湖游個泳就太可惜了，所以我們決定先去游泳再上路。當我們在湖邊沙灘讓溫暖的七月陽光曬乾身體時，我和一個當地人聊天，她是名叫凱薩琳．羅文斯基（Kathryn Lovinsky）的年輕女性，帶著兩歲的雙胞胎男孩來這裡午後游泳。

後來得知，凱薩琳是「鄉村藝術」（凱羅．費爾班工作的地方）的領導人，她在附近地區長大，後來去華盛頓特區上大學，在那裡住了幾年後，和家人一起搬回這裡。她似乎沒有特別喜歡華盛頓特區：「每個人都很孤立，他們會獨自在裝有空調的公寓裡，看電視打發整個夏天。但在格林斯博羅，人們互相陪伴，在戶外度過夏天。」她告訴我，她年過七十歲的父母在鎮上經營一棟價格合理的出租公寓，租給存款有限的長者。她父母擁有跟掌管當地一家製作環保包材的公司，也經營占地八十英畝的農場，飼養乳牛、山羊和雞。她媽媽經常幫忙照顧她的兒子，對大家來說都是一種享受，「包括我。」她大笑說道：「這樣我就可以休息一下！」她說在格林斯博羅這是非常典型的情況：長者忙個不停，他們種菜或養動物，花大量時間與社區建立關係，也和孩子、青年人互動。

這個地方顯然有其特別之處，所以才一直有人搬來。這些移入者大多有一個共同點，他們似乎對自己想要如何生活和變老都有明確的目標。

「就像茱蒂（Judy）。」凱薩琳指著沙灘另一頭的年長女性說道，對方剛剛鋪好毛巾，拿著報紙和一瓶氣泡水準備坐下。八十多歲的茱蒂是活躍的房屋仲介，平時種蔬菜，而且每年都會在社區展出畫作。凱薩琳告訴我，茱蒂也是社區的核心人物，參與的委員會和組織不勝枚舉。她開始列一些名字時，茱蒂察覺到我們在討論她，便往我們的方向揮揮手，凱薩琳也揮手致意。

我們走過去。凱薩琳告訴茱蒂，我對格林斯博羅深感好奇。「嗯，格林斯博羅就是妳要的地方。」她說，語氣就像真正的房屋經紀人。我對她說，聽到年長人口如此積極參與鎮上的治理和社區生活，真是令人興奮。那天上午，我才剛看到紐約州和波蘭都發生以年齡因素強迫年長法官退休的可怕新聞，而格林斯博羅的風氣截然不同。

當我問茱蒂，對於格林斯博羅年長居民來說，這裡是什麼情況時，她提到支持全鎮正向年齡信念蓬勃發展的基礎建設和計畫。「這是先有雞還是先有蛋的問題。」凱薩琳提出看法：「很難說是哪一個先有，是正向的年齡信念，還是年齡正向的文化。」

茱蒂坐在藍色大沙灘巾上，用手護著眼睛避開陽光，對我微微一笑。「無論如何，我都喜歡這裡。」她說：「我想妳也是。」她加上一句，如果我有興趣的話，現在市場上有幾間不錯的房子。

我必須承認，我心動了一下。

對於格林斯博羅的正向年齡信念與年齡解放文化之間的因果關係，凱薩琳以「先有雞還是先有蛋」的比喻來回答，這個想法很正確，它們可能是同時出現，也相互支持。

我在格林斯博羅看到的是生動的示範，明白當長者和周遭社會以富有成效的方式和諧共處時，會是怎樣的光景。華勒斯．史達格納在八十一歲為格林斯博羅的歷史著作寫序時，描述了這種和諧：「我在沒有歷史、缺乏歸屬感的情況下長大，跟社會脫節，以至於我不知道，現在也仍不知道三位祖父母的名字……而格林斯博羅有著我欠缺和想要的東西：永久、安寧、傳統與習慣上的接納，還有鄰里友善的社會秩序。」

格林斯博羅可以作為不夠幸運定居於此的年長者的目標，促成他們個人的年齡解放，有助解放周遭的年齡歧視社會，從而促進其他人的年齡解放。

格林斯博羅說明了我在撰寫本書過程中所領悟的另一個真理。身為科學家，我經常認為了解世界最好的方式是透過簡潔圖表或有力的統計測試，但在這個小鎮，如同在這次造訪的前幾個月中，當我認識跟訪問這麼多啟發人心的年長人士時，我愈來愈清楚，儘管科學幫助我們發現世界的運作方式，但故事才是我們理解世界的方法。人類學家瑪麗．凱瑟琳．貝森（Mary Catherine Bateson）寫道：「人類在隱喻中思考，並透過故事學習。」

寫這本書的過程中，我知道的故事除了格林斯博羅居民的經歷，也有田中加子和其他超級人瑞的人生，他們呈現了在正向年齡信念所打造的社會中生活的好處。同樣地，本書提到的人物也顯示，滲透許多社會的年齡歧視是可以克服的。以九十九歲的書店經理艾琳．崔霍姆為例，她從祖母身上繼承到了正向的年齡信念，而且無論在哪裡遇到年齡歧視，都能夠找到挑戰的方法。還有住在美國中西部的醫師喬納斯，他跟投入改善社區的年長導師相處過後，負面的年齡刻板印象在晚年時逐漸消散。別忘了芭芭拉，在我們介入之後，她的正向年齡信念得以增強，結果更發現她的平衡能力和身體機能大幅提升。

不管是在人生早期還是後期得到正向的年齡信念，這些人當中，有很多人都在這種信念的基礎上建立了快樂、健康及成功的餘生。以演員約翰．貝辛格和蘑菇獵人派屈克．漢米爾頓為例，兩人都藉由正向年齡信念強化了記憶力。還有三鐵運動員麥唐娜．巴德修女和游泳選手莫琳．康菲德，兩人令人欽佩的運動佳績受益於她們應對老化的方式。而導演梅爾．布魯克斯和編舞家莉茲．勒曼都因為正向的年齡信念，讓他們在晚年爆發了創造力。

而我以一種出乎意料的方式，了解到任何人都有潛力擁有由正向年齡信念打造的生活，以及隨後而來的好處。在建立評估年齡刻板印象的老化形象調查問卷時，我問參與者想到老化時躍入腦海的前五個詞語，這些回應幾乎都是負面的。但當我問想到老化的正向形象時，每一個人都能說出正向的詞語。

為什麼說這個發現出乎意料呢？因為我之前發現的大量證據證明，長者接觸到無數傳播負面年齡刻板印象的社會機構，面臨基於這些印象而來的歧視，會將負面的年齡刻板印象內化。然而，前五個詞語的問題揭露了正向年齡信念始終存在，只待啟動，這就是第九章和附錄一介紹的ＡＢＣ方法及練習所希望達到的目標。

啟動正向年齡信念的過程和我最喜歡的一首詩類似，這首詩的作者是加勒比海詩人、諾貝爾文學獎得主德里克．沃爾科特（Derek Walcott）[137]，他以〈愛過之愛〉（Love After Love）作為詩名，雖然不是特別要談變老或年齡信念，但對我來說，它讓本書探索的一些核心觀念栩栩如生。

這一刻將會到來
當你，興高采烈，
迎接自己抵達
自家門口，在你的鏡子中，

彼此微笑歡迎對方，

然後說，坐這。吃吧。
你將再度愛上這原是你自己的陌生人。
予以酒。予以麵包。予以你的心
還給它自己，還給一直愛著你的陌生人

他愛了一生，被你忽略
你為了另一人，而他默默記著你。
取下書架上的情書，

照片，絕望的信箋，
從鏡子剝下自身的形象。
請坐。享用你的人生。

沃爾科特似乎描寫了一種可以在兩種層面上發生的變化。在個人層面，他描述一個隱喻的陌生人，這可以代表年長的自我，擁有被負面年齡刻板印象掩蓋的正向年齡刻板印象。當休眠的正向年齡刻板印象重新浮現，原本的陌生人就會受到歡迎歸來。

在社會層面，沃爾科特的詩可以視作對於團結的呼籲：該是移除年齡障礙和年齡偏見的時候了，「把你的心還給自己，還給終生愛著你的陌生人。」當長者不再被社會視為陌生人，轉而受到他們自己和社群重視時，變老就可以成為一種歸來、一種再發現，以及一種人生的饗宴。

附錄一

增強正向年齡信念的ABC方法

練習你的ABC方法：促進健康年齡信念的工具	
A	**意識**（Awareness）：確認社會中出現負面和正面老化形象的地方。
B	**歸咎**（Blame）：了解健康或記憶力問題，可能或至少部分是我們從社會獲得的負面年齡信念所造成。
C	**挑戰**（Challenging）：採取行動對抗年齡歧視，讓年齡歧視不再造成危害。

以下大部分的練習都可以快速學會和執行，而由於年齡信念是多面向，在無意識和意識層面都會運作，因此嘗試結合這些練習，至少每個階段都進行一個練習，會很有幫助。如同第九章所討論的，構成這三個階段的是：提升**意識**，將責任**歸咎**於責任方，並**挑戰**負面年齡信念。

為了強化這些信念，並更加自在面對，我建議重複進行你所選擇的練習。亞里斯多德在兩千四百年前發現的事，現今依舊為真：「我們重複的行為造就了我們。」持續不斷地應用這些策略，應該可以帶來多重好處，一種由微小改變帶來大量改變的滾雪球效應。

以下是提供各位嘗試的ＡＢＣ練習：

意識練習

意識練習一：老化的五個形象

寫下想到長者時，腦海所浮現的前五個詞語。即使你已在第一章做過這個練習，還是再做一次，看看你的年齡信念在看完本書後有沒有產生變化。同樣，答案沒有對或錯，你的回答有多少是負面的，有多少是正向的呢？

如果你發現自己在老化的五個形象練習中想到許多負面形象，並不表示你的觀點會一成不變。大多數的人無意識地從周遭環境吸收了負面年齡信念，但我們可以翻轉這些信念，第一步就是要意識到它們。

意識練習二：正向榜樣人物的組合

你的年長榜樣是誰？列出四位你欽佩的長者，兩個從生活中挑選，另外兩個從廣泛的世界中選擇，像是從歷史、書籍（包括這一本）、電視節目或時事中找尋。如此一來，你可以收集到多元性的榜樣，也能讓老化與各種讓人欽佩的特質產生關聯。在每一個榜樣身上，挑選出一個或更多個讓你敬佩，希望自己能隨著年齡增加的特質。

意識練習三：留意媒體中的年齡信念

讓隱形之物現形的一個好辦法是，用筆記本或智慧型手機記錄一週間遇到的正向或負面年齡形象。看電視或是串流節目時，留意裡面是否有年長人物，他們扮演什麼樣的角色，是以負面還是正向角度來描繪老化；上網或看報紙的時候，寫下年長者以何種方式出現，並留意他們消失蹤影的時候；這個星期結束後，總結負面或正向老化形象的數目，以及被排除的次數。在我的研究中，我發現這種主動的留意不僅有助於培養公然歧視年齡的敏銳意識，也能察覺到更微妙形式的年齡歧視，像是排除和邊緣化。

意識練習四：意識到跨世代

想一想你最親密的五個友人。如果你跟我一樣，這五個人的出生年份會跟你差不到幾年。當然，喜歡和同齡人相處沒什麼不對，但我們只和同輩人來往，也是另一種助長負面年齡信念的行為。思考一下，如何增加跨世代的接觸，回想自己上週進行幾次有意義的跨世代互動，如果想不出太多，那麼提出兩個涉及不同世代，而你可以在下個月進行的活動。

歸咎對象轉移練習

歸咎對象轉移練習一：找到真正的原因

好好留意自己，觀察年齡刻板印象何時會影響你對不愉快的事件或挑戰的想法。如果你或你認識的長輩弄丟了鑰匙，忘記了日期或名字，你發現自己用了「高齡瞬間」這個詞彙，記住這是你的負面年齡信念在說話，而不是老化過程的客觀評估。有沒有可能，你或長輩在資訊被大腦記入或取回時，是處於匆忙、壓力或悲傷的狀態，或是因為別的事情而分心呢？這些情緒狀態都可能加劇一時性的健忘。如果你把背痛或聽不清楚歸咎於老化，要留意原委：你是否搬了太重的東西，或是背景環境太嘈雜了？想想發生在你或長輩身上，被歸咎於老化的兩件真實或假設的心理、生理事件，然後思考一個與老化無關的原因來解釋這件事。

歸咎對象轉移練習二：誰獲益？

寫下四個負面的年齡刻板印象，指出可能從刻板印象受益或獲利的公司或機構。例如，如果你寫下的是「記憶力減退」，你可能會列出Lumosity，這是一家經常利用記憶力勢必衰退的負面年齡信念所造成的焦慮，銷售「大腦訓練遊戲」的公司。美國貿易委員會控告了Lumosity，指控其利用虛假的描述，欺騙跟導致年長消費者的恐懼。

歸咎對象轉移練習三：如果這是關於女性的性別歧視呢？

如果不知道對長者的某個談論或行為是否是年齡歧視，就把目標轉換成另一個邊緣群體，像是女性。例如，如果雇主提及解雇年長員工的必要，問問自己，如果換成女性，聽起來會怎麼樣。如果聽起來是性別歧視，那麼對象換成年長員工時，考慮把它貼上年齡歧視的標籤。

挑戰練習

挑戰練習一：拆解負面的年齡信念

可以透過呈現正確資訊來挑戰負面的年齡信念，本書涵蓋了許多反駁常見的負面年齡刻板印象的科學（附錄二對此作了總結：推翻負面年齡刻板印象的有力事實）。寫下三個關於老化的迷思，練習當你面對認為迷思屬實的人，你可能會說的話。例如「老人不關心地球」，事實證明，六十五歲以上的長者比其他年齡層的人更願意進行資源回收（而且年紀愈大，就愈常做回收）。

如果你跟我一樣，在別人說出年齡歧視的話時，可能不見得總能立刻作出機智回應，所以先準備好幾句話很有幫助，或是稍後再回過頭來發表評論，挑戰先前的年齡歧視言論或行為。

挑戰練習二：設法參與政治

你可以競選公職，或者確定哪一個候選人主張年長選民福祉的公共政策，然後支持對方的競選活動。對於你選上的代表，你也可以讓他們知道，你同意或不同意他們在年長選民相關立法上的立場。

挑戰練習三：對抗媒體的年齡歧視

讀到反映負面年齡刻板印象的文章時，請寫信給編輯，或是在社群媒體發表關於它的貼文。最近的一個例子是，E-Trade（線上股票交易平臺）在二〇一八年超級杯（Super Bowl）[138]所發布的一則廣告。超級杯是美國收看人數最多的運動賽事，而廣告嘲笑了長者的工作情況：我們見到年長的郵差掉了一堆包裹；年長的消防員在把水管瞄向人行道，而不是大火時被抬離地面；而年長的牙醫和體育裁判都一樣笨拙無能。彷彿為了怕這些工作者的年齡不夠明顯，背景音樂還以美國牙買加裔歌手哈利・貝拉方提（Harry Belafonte）的民歌〈Day-O〉曲調，唱出歌詞：「我八十五歲，我想要回家。」

廣告公司創作這則廣告的用意，顯然是用來嚇唬年輕的潛在客戶，讓他們把錢花在有助提前退休的投資上，這就必須進行股票交易、給E-Trade佣金。儘管這樣的負面形象幫助E-Trade在隨後一年間得到巨額利潤，卻也引發了怒火和強烈反彈。順帶一提，簡單來說，這就是往上游追溯因果關係：年齡歧視不是受到事實驅使，而是源自於對利益的永恆渴望。

我第一次聽說這個廣告是透過我的女兒，她從Facebook動態消息得知，給我看了朋友和陌生人的大量貼文，他們全都對廣告呈現年長人士的手法表達反感。

留意下一個出現的年齡歧視例子，並找到表達關切的方法，可以寄抗議訊息給生產產品的公司，或是規劃請願書，讓這間公司知道如果繼續，你和朋友就會轉而支持對年齡友好的公司。

附錄二
推翻負面年齡刻板印象的有力事實

以下的年齡刻板印象受到廣泛的社會資源傳播，內容不實且有害，我們附上精選的證據，有助於推翻這些印象。

一、不實的年齡刻板印象：「老狗學不了新把戲」這句諺語在講老人沒有學習能力。

事實：在年老時期，存在許多正向的認知改變，而且有許多技巧可以支持終身的學習。年輕人用來增進記憶的相同策略也能夠讓長者獲益，事實上，我們的大腦在整個生命週期會經歷新的神經元成長，以回應挑戰。

二、不實的年齡刻板印象：所有老年人都會失智。

事實：失智並不是老化的自然軌跡。大部分的長者不會失智，六十五到七十五歲的美國成年人當中，只有3.6%失智，而且有證據顯示，失智率會隨著時間而下降。

三、不實的年齡刻板印象：老年人的健康完全由生物學決定。

事實：我們的團隊發現，文化可以藉由年齡信念的形式對長者的健康產生強大影響。例如，正向年齡信念能夠以多重方式讓他們受益，像是降低心血管壓力和提高記憶力。相形之下，負面年齡信念會對這些健康層面造成有害影響。在通常對晚年認知能力有益的ApoE ε2上，我們也發現正向年齡信念有益增強這項基因。

四、不實的年齡刻板印象：老年人的身體虛弱，應該避免運動。

事實：大部分的長者都可以運動，而且不會受傷。世界衛生組織建議長者定期運動，運動有益心血管和精神健康，也能夠強健骨骼和肌肉。

五、不實的年齡刻板印象：大部分老年人患有無法治療的精神疾病。

事實：大部分長者並未罹患精神疾病，研究顯示，晚年的幸福感增加，而沮喪、焦慮和藥物濫用則會減少，而且長者通常能受益於包括心理治療在內的精神健康治療。

六、不實的年齡刻板印象：年老員工在職場的效率不高。

事實：年長員工比較少請病假，經驗上具有優勢，擁有較強的工作倫理，而且往往比較有革新精神。而研究也發現，有長者加入的團隊比沒有長者的團隊更有效率。

七、不實的年齡刻板印象：老年人自私，對社會沒有貢獻。

事實：長者經常會在可以讓他們貢獻的崗位工作或擔任志工，他們是最有可能進行資源回收跟製作義賣禮物的年齡層。年紀增長時，利他動機變得強烈，而自戀價值觀的影響力減弱，因為長者經常出現傳承思維，想為後代創造一個更美好的世界，而且大部分的家庭有一種下行的所得流向，金錢大多是從長輩流向成年子女，而不是成年子女流向長輩。

八、不實的年齡刻板印象：老年的認知能力勢必衰退。

事實：有些認知類型的能力在晚年時期會提升，其中包括：後設認知，這是一種對自己認知事物的認知；考慮多元觀點；解決人際或團體之間的衝突；以及語意記憶。而其他類型的認知能力往往保持不變，像是程序記憶，包括騎單車這樣的日常行為。而且我還發現，加強正向年齡信念可以成功改善被認為會在晚年衰退的記憶類型。

九、不實的年齡刻板印象：老年人是糟糕的駕駛。

事實：跟長者駕駛有關的車禍件數很低，長者更常用安全帶、遵守速限。而且，長者也比較不會邊開車邊發訊息，或是酒駕、夜間駕駛。

十、不實的年齡刻板印象：老年人沒有性生活。

事實：大部分的長者持續享受身心充實的性生活，研究發現，72％的長者擁有伴侶，當中大部分都有性生活。

十一、不實的年齡刻板印象：老年人缺乏創造力。

事實：晚年的創造力經常持續，甚至提升。無數藝術家都在晚年創造出被認為是其職業生涯最創新的作品，例如馬諦斯。成功的新創公司比較可能是由五十歲以上的創業家領導，而不是出自三十歲以下。長者往往是創新的領導者，並用創新來振興社區。

十二、不實的年齡刻板印象：老年人面對科技有障礙。

事實：長者有適應、學習和發明新科技的能力。五十歲以上的長者有四分之三經常用社群媒體，六十五歲以上有67%會用網路，而六十到六十九歲的年齡層有81%用智慧型手機。有些長者引領了科技的進步，例如麻省理工學院教授米爾卓德．崔瑟豪斯（Mildred Dresselhaus），她七十多歲時為奈米科技帶來創新。

十三、不實的年齡刻板印象：老年人不會從健康行為中受益。

事實：從健康行為中受益永遠不嫌晚，例如長者戒菸的幾個月後，肺部健康就得到改善。而長者克服肥胖症後，也同樣改善了心血管的健康。

十四、不實的年齡刻板印象：老年人受傷後無法恢復。

事實：大部分長者受傷後都會恢復，懷有正向年齡信念的長者完全康復的可能性更是明顯偏高。

附錄三

終結結構性年齡歧視的呼籲

長壽的奇蹟為個人及我們生活的社會，提供了不可思議的機會。然而，面對阻礙長者以有意義及成效的方式度過晚年的種種挑戰，我們仍未適當地加以解決，因此現在還有如此多的潛力依舊未能發揮。

——米爾肯研究機構高齡化未來中心主席／保羅．厄文（Paul Irving）

根除負面年齡刻板印象最好的方式，就是終結結構性年齡歧視，因為這種歧視深植於社會的權力結構，但要完成社會改變，需要從兩個方向進行多方面的活動：由上而下，這涉及法律和政策；由下而上，包括要求實現這些改變的年齡解放運動。以下是實現年齡正義所需要的部分行動，我鼓勵大家細想其中是否有各位可以發揮影響力的領域或事項。

終結醫療的年齡歧視

- 終結為一系列疾病提供治療時的年齡歧視，包括心血管疾病和癌症。在一百四十九件研究中，85%的醫療保健提供者拒絕讓年長病患接受處置和治療，或是不太為他們提供治療，即使他們跟年輕患者一樣可能從治療中受益。
- 透過更好的償付型健康保險，提高對長者預防性照護和復健服務的支持。
- 改善醫療保健提供者與年長患者的溝通方式，這包括避免使用宛如施恩的說法，並停止將年長病患排除在重要醫療保健決定以外的做法。為了改進目前的做法，老年學家瑪麗・提奈迪制定出一套有效的對話指南，協助醫療保健提供者考慮年長病患的優先事項。
- 在所有醫院建立老年科急診部門，美國醫院通常設有兒科急診部門，但只有2%設有老年科急診部門。在各醫院設立老年科急診，可以改善對長者的醫療保健、降低成本。

- 結束醫療保健專業人士的薪資和報銷差異，目前專注於長者的專業人士所得到的薪資低於其他醫療專業。
- 擴大老年醫學系的數量，使其納入所有醫學院。在一百四十五所美國醫學院中，只有五所設有老年醫學系，大約每三千名美國老人只能分配到一名老年醫學科醫師。
- 為所有醫療保健提供者給予老年醫學訓練，以便為照護年長病患做好準備，訓練內容可以包括健康程度不同的各種年長病患。在美國，所有醫學院把小兒科訓練列為必修，但不到10％必修老年科訓練。同樣地，不到1％的護理師和不到2％的物理治療師接受過面對年長患者的訓練。
- 在醫療保健專業人士的訓練加入反年齡歧視的內容，可以加入打破一般的老化迷思，例如高血壓和背痛是晚年不可避免的問題。
- 在初級照護探訪中為病患加入年齡信念篩查，並給予患者挑戰負面年齡信念的策略。
- 制定年長病患的標準治療方案，培訓醫療保健提供者實行這些方案，以克服年齡歧視，並且為精神健康問題、性傳染病與長者虐待，提供適當篩查和轉診。

終結精神健康照護的年齡歧視

- 改革精神健康的訓練，讓精神健康能夠充分包括和長者相關的課題，像是了解憂鬱症不是隨著老化自然出現的一部分，而且長者經常擁有可以從心理治療中受益的能力。
- 終結聯邦醫療保險（Medicare）以遠低於市場價格的費率，償付治療長者的治療師的常規做法。
- 將長者精神健康的相關資訊列入《心理動力診斷手冊》（*Psychodynamic Diagnostic Manual*）和《精神疾患的診斷和統計手冊》（*Diagnostic and Statistical Manual of Mental Disorders*），這是精神健康專業人員作為指南的書。
- 建立跨世代的心理治療團體，讓不同年齡的人可以互相學習。
- 縮小在許多國家隨著年齡而增加的精神健康需求和照護之間的差距，這可以透過增加治療選項來完成，例如將「友誼長凳」這種由長者施行的非專業精神健康照護模式，擴展到有在使用的國家以外的地方。

終結政府體系的年齡歧視

- 制定並實行提供長者經濟和食物保障的立法，在美國的長者中，9%生活在貧困當中，16%食物不足，還有三十萬六千人無家可歸。
- 建立聯邦等級的反年齡歧視領導人和反年齡歧視專門機構，以發起和協調橫跨政府部門的反年齡歧視政策。
- 鼓勵長者競選各層級的政治職位，提倡年齡友善的政策，同時鼓勵他們參與支持長者利益的政治活動。
- 在與公民權利有關的法律中，納入對長者權利的保護，包括美國民權法案在內的許多法律都未列入年齡條款。
- 改善療養院和長期照護設施的環境，透過法律要求這些機構提供足夠的人員配置、訓練和薪資福利。
- 禁止療養院和長期照護機構不當使用藥物讓年長住客冷靜。根據最近幾項報告，美國許多療養院用鎮靜藥物來控制失智症狀，即使食品藥物管理局從未核准當中許多藥物用於此途，而且這些藥物可能造成服用者疲累、跌倒與認知障礙。

- 提供資金給旨在預防跟停止虐待長者的執法單位和計畫，社會流行病學家張伊賢（E-Shien Chang，音譯）發現，虐待長者是由可改變的因素決定。
- 讓所有長者都可以方便地投票，像是提供前往投票所的交通車，以及更便利、取得缺席選票（Absentee ballots）[139]的方式。
- 要求所有國家批准聯合國加強長者人權公約，目前包括美國在內的許多國家都沒有批准。
- 確保長者能夠列入陪審團和審判席，這些角色缺乏長者參與已成為日益嚴重的問題。

終結教育的年齡歧視

- 提倡學校委員會制定學前班到十二年級的課程目標，在歷史和社會研究等課程加入對長者的正向描述。現在很多課程包括多元目標，卻沒有加入年齡多元性。

- 鼓勵教師在課堂上透過電影、歌曲、事件和書籍，加入長者的正向形象。可以參考教育運動人士珊卓・麥奎爾（Sandra McGuire）所制定的兒童文學書單。
- 擴展大學和研究所的發展心理學課程，加入老化主題，目前這些課程大部分都不超出青年時期。
- 在教師訓練中加入年齡歧視意識，這將顯示年齡歧視的訊息是如何在學校傳播，以及可以如何對抗。
- 支持社區長者前往學校談論自身成就，並參與輔導計畫。長者參與輔導，是由哥倫比亞公共衛生學院院長琳達・弗萊德的「經驗團」（Experience Corps）所發起，這項活動應該要推展到每間學校。
- 訂立「祖父母節」，讓學生可以在期間為年長親戚或社區長者慶祝。
- 提高長者的教育機會，包括對早年缺乏教育機會的長者開設識字課程，以及開設大學與學校課程等等。年齡友善大學提升跨世代的學習，而世界上98%的大學尚未採用年齡包容政策，可以推動學校採納這項理念。

終結職場的年齡歧視

- 充分執行反年齡歧視的法律，終結雇用年長員工時的年齡歧視。
- 終結基於年齡解僱員工跟強制退休的現象，例如聯合國員工被強制在六十五歲退休，其中包括關注老化議題的人士。
- 在多元性、公平性和包容性的訓練課程與政策中納入長者，目前60％的員工回報了年齡歧視，而納入長者的做法可以提升年齡歧視的意識，消除關於年長員工的迷思，並彰顯年長員工的貢獻。針對七十七個國家中雇主的調查，發現僅有8％的雇主把年齡納入多元性、公平性和包容性的政策。
- 設立吹哨者計畫，讓離職或退休的年長員工可以向大眾分享年齡歧視的經驗，而用不著冒著被雇主懲罰的風險。
- 盡可能實行跨世代的工作團隊。已發現跨世代團隊可以打破年齡刻板印象，提高生產力。
- 建立系統，根據企業對於年齡形象的正向程度進行評估，頒發證書給對年齡最友善的公司。

終結抗老產業與廣告產業的年齡歧視

- 監控這些公司在廣告呈現的負面年齡刻板印象，做法可能包括線上資料網（online clearinghouse）在內的工具，個人可以對資料網提供年齡歧視廣告的範例。
- 向廣告中貶低長者的公司發起抵制行動，這些廣告許多是由抗老產業創造，要抵制這些公司，直到停止侮辱性的訊息。
- 增加廣告對長者的包容性和多元性，並以反映活力的角色呈現長者。英國的「老年更好中心」（Center for Ageing Better）最近推出了第一個針對長者正向與真實形象的免費線上資料庫。
- 讓長者在廣告公司以創意總監的身分占有一席之地，儘管大部分的消費者年過五十，但廣告公司員工的平均年齡是三十八歲。
- 設立為長者注入力量的廣告獎項。

終結流行文化的年齡歧視

- 擴大電影「多元性」的意義，納入年長演員、編劇和導演。頒發奧斯卡獎的美國影藝學院在最近設定的多元包容規則中，並未列入長者。
- 監控跟公布電影電視中猖獗的年齡歧視，包括年齡歧視的語言和行動，並且缺乏有變化的年長角色。讓製作人和觀眾知道這是不可接受的。
- 動員跟支持名人在好萊塢和更廣泛的文化中大聲疾呼反對年齡歧視，像是艾米．舒默、瑪丹娜、勞勃．狄尼洛在內的許多名人都已經發聲，我們還需要更多聲音。
- 訂立一個以當地活動慶祝長者的國定假日，日本所訂定的長者國定假日可以作為榜樣。
- 向數十億玩家發起抵制含有年齡歧視內容的電玩遊戲，鼓勵電玩產業製作正向老化形象的遊戲。
- 促進正向年齡信念生日卡的創作與銷售，取代隨處可見的詆毀老化的卡片。在科羅拉多和英國，藝術家和社運人士已對商業上的老化標記採取應對行動。

- 創辦「年過五十的五十位精英」（50 Over 50）活動，仿效各行業基於年齡列出宣傳的「不滿三十的三十位精英」（30 Under 30），表彰各領域的領袖人物。

終結媒體的年齡歧視

- 向政府施壓，要求禁止數位資訊的年齡歧視，它們將長者排除在住房和徵人的廣告對象之外。在現行制度中，社群媒體公司應該自我監管，但成效不彰。
- 要求社群媒體公司禁止傳播年齡歧視，Facebook的社群規範應該像禁止針對群體的仇恨言論一樣，禁止年齡歧視；Twitter應該執行禁止年齡歧視的社群規範。這項規範並未落實的證據，可在一份Twitter的分析報告中看出，在#BoomerRemover（嬰兒潮老人去除者）的主題標籤底下，有15%的推文屬於公然貶損的發言，其中包括希望老人去死。
- 鼓勵新聞院校強調報導結構性年齡歧視的重要性，重視為長者注入力量的新聞報導。我們可以用「年齡繁榮學院」（Age Boom Academy）當成模式，這是由哥倫比亞大學新聞學院與公共衛生學院的羅伯特・巴特勒哥倫比亞老年中心共同運作。

- 更換新聞報導含有年齡歧視的說法和概念，例如將描述嬰兒潮世代步入老年的「銀髮海嘯」（silver tsunami）用語，改為像是「銀髮水庫」（silver reservoir），後者的概念反映出老年世代可以作為「對社會有益的潛在資源，而不是即將摧毀大家的迫切危險。」
- 要求媒體機構為了年長聽眾和讀者，在電視、電臺和報紙上提供時段和版面。《紐約時報》記者寶拉・史班（Paula Span）的專欄「新式老年」（The New Old Age）就是箇中典範。
- 設立反年齡歧視傑出新聞與敬老報導的新聞獎項。

終結空間的年齡歧視

- 終結基於年齡的數位資訊斷層，與年輕人相較，長者在家中取得網路的可能性明顯較小。這種無法取得網路的現象影響了42％滿六十五歲的美國人，在低收入、女性、獨居、移民、失能和少數民族的長者中尤其嚴重。因為上網有利於醫療保健、工作機會和社區參與，政府必須為所有長者提供負擔得起的網路與充分的技術支援。

- 結束對老人住房進行隔離的分區規定和區域規劃。
- 堅持政府必須在城市與鄉村地區都要提供充分的年齡包容型及無障礙公共運輸，以減少長者的社會孤立狀態。
- 要求聯邦資金興建的集合住宅要供應給長者，數量至少要與長者在整體人口所占比率一樣高。
- 設計具年齡包容性的公共和私人空間，例如圖書館、博物館和多用途公園，促進面對面的跨世代接觸。
- 停止在自然災難期間對長者的忽視，這可能讓他們受困於險地，要在公平的基礎上把長者納入自然災害的緊急救濟方案。

終結科學上的年齡歧視

- 終結臨床試驗排除長者的做法，這個現象甚至發生在長者最有可能罹患目標疾病的試驗當中，像是帕金森氏症的臨床試驗。要求選入長者的人數應該至少與整體人口所占的比率成正比，以確保藥物與治療對長者安全有效。
- 建立包括年長參與者在內的問卷調查，回報長者是否具有復原力，如果有的話，復原的狀況如何；同時調查與其他年齡層相較，經歷患病、治療和康復的過程有何不同。除了「健康與退休研究」及其姊妹研究「巴爾的摩老化縱向研究」、「英國生物銀行」之外，大部分的調查都沒有收集六十五歲以上的數據。
- 停止使用常用於科學和政策報告的用語「扶養比」，把六十五歲以上的人口都描述為依賴青年人，是不具生產力的社會成員。
- 增加研究老化的資金，研究領域包括老化健康的生物學、心理學及社會決定因素，以及善用長壽的最佳政策和計畫。資助老化研究的美國聯邦預算不到0.01％，而美國基金會資金用於這方面的研究不到1％。

●改變將老化視為「衰老」的一般定義，轉向更多元且正向的定義，例如將人生晚期的發展階段視為基於數十年的經驗累積，包含心理、生物和社會成長等層面。

致謝

我想要感謝下列人士以他們的故事、知識與啟發人心的事蹟，為本書作出重要貢獻，許多人慷慨抽出時間來跟我對談，其中包括：

卡爾・伯恩斯坦、約翰・布蘭頓（John Blanton）、貝瑟妮・布朗（Bethany Brown）、麥唐娜・巴德修女、羅伯特・巴特勒、珍妮佛・卡羅（Jennifer Carlo）、尼爾・賈尼斯（Neil Charness）、迪克森・奇班達、基奈瑞特・契爾（Kinneret Chiel）、潔西卡・考森（Jessica Coulson）、威賀明娜・德爾柯、湯瑪斯・戴爾、凱羅・費爾班、蕾琪拉・弗斯特、茱蒂・蓋斯（Judy Gaeth）、蘇珊・賈尼諾、史黛西・戈登、哈洛德・葛雷、安琪拉・葛崔斯、派屈克・漢米爾頓、南希・西爾、保羅・厄文、莫琳・康菲德、妮娜・克勞斯、蘇珊・康凱爾（Suzanne Kunkel）、傑克・庫弗曼、莉茲・勒曼、瓦拉迪米爾・利柏曼（Vladimir Liberman）、凱薩琳・羅文斯基、理查・莫洛托里（Richard Marottoli）、黛博拉・米蘭達、皮埃諾・諾達（Piano Noda）、海格・諾易斯（Helga Noice）、東尼・諾易斯（Tony Noice）、丹尼爾・普洛特金（Daniel Plotkin）、大衛・普洛弗洛（David Provolo）、南希・瑞吉、伊莉莎・薛弗（Elisha Schaefer）、布麗姬・史立普（Bridget Sleap）、大衛・史密斯（David Smith）、威賀明娜・史密斯（Wilhelmina Smith）、奎恩・史蒂芬森（Quinn Stephenson）、潔瑪・史托維爾、田中加子、艾琳・崔霍姆、克里斯多夫・范戴克（Christopher Van Dyck）、山本優美、羅伯特・楊恩、「無症狀阿茲海默症的抗類澱粉蛋白研究」的參與者，以及「皺紋沙龍」參與者。

要進行研究幾乎需要用上全村之力，如果沒有許多人的專業知識，我是無法進行書中所描述的研究調查。我很幸運能與下列傑出同儕一起努力：海瑟・艾羅瑞（Heather Allore）、金柏莉・艾瓦瑞茲（Kimberly Alvarez）、歐瑞・艾許曼（Ori Ashman）、馬札林・巴納吉（Mahzarin Banaji）、艾夫尼・巴維許（Avni Bavishi）、尤金・卡拉西洛（Eugene Caracciolo）、張伊賢（音譯）、菲爾・鍾（Pil Chung）、梅耶・狄塞（Mayur Desai）、丁路（Lu Ding，音譯）、瑪吉・唐隆（Margie Donlon）、西奧多・卓耶爾（Theodore Dreier）、艾提爾・卓爾（Itiel Dror）、湯瑪斯・吉爾（Thomas Gill）、傑弗瑞・赫斯多夫（Jeffrey Hausdorff）、蕾貝嘉・漢克（Rebecca Hencke）、斯奈賀・康諾斯（Sneha Kannoth）、史坦尼斯拉夫・卡塞爾（Stanislav Kasl）、茱莉・柯斯提斯（Julie Kosteas）、蘇珊・康凱爾、瑞秋・蘭波特（Rachel Lampert）、艾倫・藍格（Ellen Langer）、狄帕克・拉克拉（Deepak Lakra）、約翰・李（John Lee）、艾瑞加・雷海特林森（Erica Leifheit-Limson）、蘇・雷福柯夫（Sue Levkoff）、莎曼珊・雷維（Samantha Levy）、莎拉・洛威（Sarah Lowe）、理查・莫洛托里、珍寧・梅伊（Jeanine May）、史考特・瑪法特（Scott Moffat）、瓊恩・莫林（Joan Monin）、泰瑞・莫菲（Terry Murphy）、林賽・梅耶斯（Lindsey M. Myers）、克莉斯汀娜・納弗拉希拉（Kristina Navrazhina）、魯本・黃（Reuben Ng）、琳達・尼可拉（Linda Niccolai）、羅伯特・佩札拉克（Robert Pietrzak）、柯瑞・皮弗（Corey Pilver）、娜塔莎・普洛弗洛（Natalia Provolo）、凱薩琳・雷米斯（Kathryn Remmes）、蘇珊・瑞斯尼克（Susan Resnick）、馬克・史萊辛吉（Mark Schlesinger）、艾瑪・史密斯（Emma Smith）、馬克・特恩塔藍吉（Mark Trentalange）、胡安・特隆柯索（Juan Troncoso）、津波古澄子（Sumiko Tsuhako）、彼得・范尼斯（Peter Van Ness）、王詩頤（Shi-Yi Wang，音譯）、珍妮・魏（Jeanne Wei），以及艾倫・尚德曼（Alan

Zonderman）。我尤其感謝馬提・史萊德在生物統計學的才華，以及美國國家老年研究所科學主任路易吉・費魯奇在流行病學方面的傑出表現。

我也要感謝參與我們研究的個人，以及進行我得以引用的縱向研究所的研究人員，這些研究包括：巴爾的摩老化縱向研究、俄亥俄州老化與退休的縱向研究、健康與退休研究、突發事件計畫、退伍軍人的國家衛生與復原力研究。

書中所引用的研究如果沒有下列機構的慷慨資金挹注是不可能完成的，提供支持者包括：美國國家老年研究所、康納霍醫學研究基金會、國家科學基金會、耶魯大學老年計畫，以及布魯克戴爾基金會。

我要感謝許多人協助這本書的創作，首先，我要向艾麗莎・艾柏（Elissa Epel）表達謝意，她建議我應該將團隊的研究發現分享到學術期刊以外的地方。

我要謝謝仔細閱讀章節草稿，提供寶貴回饋意見的同事、朋友和家人，這些人包括：荷西・艾拉維納（Jose Aravena）、安德魯・貝弗（Andrew Bedford）、張伊賢（音譯）、班傑明・雷維（Benjamin Levy）、查爾斯・雷維（Charles Levy）、艾麗諾・雷維（Elinor Levy）、莎曼珊・雷維、莉莎・林克（Lisa Link）、艾琳・馬度許（Eileen Mydosh），以及蕾妮・提南（Renee Tynan）。我感謝娜塔莎・普洛弗洛縝密的閱讀，並細心確認事實與參考資料。我也感謝鹽津真央（Mao Shiotsu，音譯）的幫忙，她協調了日本的活動。

我還要感謝我的經紀團隊，他們在道格・亞伯拉罕（Doug Abrams）的創意領導下，對本書的每一個階段提供了協助。團隊成員包括拉若・洛夫（Lara Love）、泰伊・洛夫（Ty Love）與雅各・艾柏特（Jacob Albert），他們幫助了本書的創作，讓我為更廣大的讀者群寫作。我要謝謝瑞秋・紐曼（Rachel Neumann）給予出色的編輯意見。

非常感謝我的編輯馬洛・狄佩塔（Mauro DiPreta），在把我的大綱轉變成一本書的許多步驟中，給予我始終如一的支持、熱情和洞見。我也要對他能力高超的團隊致謝，其中包括文字編輯勞瑞・麥吉（Laurie McGee）、副主編維迪卡・卡納（Vedika Khanna）、資深行銷總監塔維亞・柯渥查（Tavia Kowalchuk），以及公關經理艾莉森・柯立基（Alison Coolidge）。

我十分感謝耶魯大學公共衛生學院的社會行為科學系以及耶魯大學心理系提供我合作協同的環境，吸引了優秀的同事和同學前來。我要謝謝史騰・維穆德（Dean Sten Vermund）院長的支持，他鼓勵創造性的科學傳播管道，並給我可以專心寫作的學術休假。

我非常謝謝家人給予我的愛心支持，鼓勵我走出舒適圈寫這本書。我要感謝女兒泰雅（Talya）和席拉（Shira），她們讓我了解流行文化的趨勢，向我展示有許多方式可以為社會正義而奮鬥，因此啟發了我。我也要謝謝泰雅分享一份關於佛洛伊德的文獻，以及謝謝席拉讓我知道，視錯覺如何揭示大腦的運作方式。

他們說人無法選擇父母，但如果可以，我會想要選擇現在的父母。我的媽媽艾麗諾啟發了我，讓我見識到一名女性科學家可以帶領實驗室，並且在照顧家庭和主持一家心靈中心之間取得平衡。她針對影響健康的生物學因素為我提供了意見。我也非常感激我的父親查爾斯，他幾乎在本書寫作過程的每一個階段都提出了建議。我爸爸是我所知道最棒的社會學家，教了我觀察社會動力的價值，並且仔細思考有時隱而不見的原因。

我也要謝謝丈夫安迪（Andy），他始終是寫書過程中的理想夥伴。他是鎮靜的不變泉源，並提供他對醫學領域的見解，鼓勵我接受挑戰，與更多的讀者分享我的科學發現。他也知道什麼時候該來一段搞笑舞蹈。

最後，我要感謝各位花時間讀完這本書，並且思索實現年齡解放所需要的步驟。

中文版註釋

1. 多發於女性更年期時，因為體內的雌二醇減少而引起皮膚發紅的一種生理症狀。
2. 一八五六～一九三九，奧地利心理學家、精神分析學家、哲學家，精神分析學的創始人。
3. 意指我們長期記憶中所存在的大量感知訊息內容，使人們在無具體事物存在於現場時，仍能透過想像喚起該事物的印象。
4. 個人隨著時間不斷強化對特定事物的認識，依據過去經驗在大腦中建立出的一種環境模式。
5. 我們針對特定種族、性傾向及其他類別的人無意識抱持的態度。
6. 二〇一四年上映法國科幻動作片，由盧·貝松（Luc Besson）執導監製。
7. 一九八四～，美國知名女演員、歌手。
8. 一八七五～一九六一，瑞士心理學家、精神科醫師，也是「分析心理學」的創始人。
9. Cortisol，屬於腎上腺分泌的腎上腺皮質激素之中的糖皮質激素，在應付壓力中扮演重要角色，故又被稱為「壓力荷爾蒙」。
10. C-reactive protein，CRP。人體肝臟細胞所產生的特殊蛋白，一種發炎反應的指標，在鈣離子存在下，此蛋白會對肺炎球菌的C多醣體產生反應，故稱為「C反應蛋白」。
11. 一九二二～二〇二〇，美國知名喜劇家、演員、導演與作家。
12. 一九四五～，美國知名喜劇演員、作家、劇作家、電影製作人、音樂家與作曲家。
13. 一九二二～，美國情境喜劇編劇、製片人，曾獲得二〇二一年金球獎電視類終身成就獎。
14. 是閃族的一種語言，與希伯來語和阿拉伯語同屬一個語族，已有三千年的歷史。
15. 「LGBTQ」是女同性戀者（Lesbian）、男同性戀者（Gay）、雙性戀者（Bisexual）與跨性別者（Transgender）、酷兒（Queer）和／或對其性別認同感到疑惑的人（Questioning）的英文首字母縮寫。

16. 原意是描述暫時性的健忘或注意力不集中，通常用來開玩笑或輕描淡寫自己出現上述情況。
17. 紐約大羅徹斯特地區服務的日報，一九九七年與「時代聯盟」合併，成為羅徹斯特地區唯一的日報。
18. 一八四二～一九一〇，美國哲學家、心理學家、教育學家、哈佛大學教授，也是美國「機能主義心理學派」的創始人之一。
19. 聽障者對擁有健康、正常聽力者的稱呼。
20. closed caption，簡稱為ＣＣ。這是一種為需要在無音條件下收看節目所設計的解說式字幕，除了一般對話字幕，還標示說話者的名字，並出現音效等其他非語言元素的描述。電視或影片一般把這種字幕預設為「隱藏」，需要在選單或以遙控器開啟。
21. 一六〇八～一六七四，英國詩人、思想家。
22. 英國小說家威廉．高汀（William Golding）於一九五四年發表的寓言體長篇小說。
23. 一八〇九～一八九二，英國桂冠詩人，以華麗的詞藻及豐富的想像力聞名。
24. 一八七六～一九七三，西班牙大提琴家、作曲家、指揮家。
25. 一九〇九～二〇〇三，希臘裔美國話劇、電影導演，本名「伊力斯．卡山索格盧」（Elias Kazantzoglou）。
26. 一九〇四～一九八三，美國芭蕾舞創作者，被譽為美國芭蕾之父。
27. 一八三五～一九〇二，活躍於維多利亞時代的反傳統英國作家，作品具有烏托邦式的諷刺風格。
28. 一九八五年上映的美國科幻喜劇電影，全系列共三部，由羅勃．辛密克斯（Robert Lee Zemeckis）執導。
29. 一九二七～二〇一〇，美國內科醫生、老年病學家與精神病學家。
30. 一九六一～，加拿大裔美國演員、作家、製作人和配音演員。
31. specialization，由具有環境限制、改變或特殊目的，使細胞、組織、器官或個體，能針對某種功能在結構上或功能上發生的改變，使其具有更大的效益。
32. Magnetic Resonance Imaging，ＭＲＩ。利用核磁共振原理，依據所釋放的能量在物質內部不同結構環境中不同的衰減，通過外加梯度磁場檢測所發射出的電磁波，即可得知構成這一物體原子核的位置和種類，據此可以繪製成物體內部的結構圖像。

33. 流經大舊金山灣區的第二大河流，全長有一百八十五公里。

34. 一九〇一～一九七八，美國人類學家，二十世紀最知名的人類學家之一，一九七八年逝世後隨即獲頒「總統自由勳章」。

35. 傳說澳洲原住民的始祖在漫遊全國的土地時，會將旅途中遇見的所有事物都化為歌曲，故稱為「歌線」（songline）。

36. 美國密蘇里州的首府，位於密蘇里河和密西西比河交會處，為美國中西部的交通樞紐。

37. 一九二九～，美國政治家，曾任德州眾議院議員，一九八六年獲選進入德州婦女名人堂。

38. 一九二九～一九六八，美國牧師、社會運動者、人權主義者和非裔美國人民權運動領袖，同時也是一九六四年諾貝爾和平獎得主。

39. 美國德州首府，德州大學及眾多高科技企業的所在地，因為位在德州丘陵地形的起點，又有「矽丘」（Silicon Hills）之稱。

40. 在游泳項目的大師組指二十五歲以上的比賽組別；而田徑項目的大師組則是三十五歲以上。

41. 位在美國南卡羅來納州南部羅亞爾港（Port Royal）海灣內的群島之一。

42. 位在美國加州帕薩迪納（Pasadena）的一家泳池設施，鄰近玫瑰盃體育場（Rose Bowl Stadium），它以玫瑰盃水上運動游泳俱樂部（Rose Bowl Aquatics swim club）、玫瑰盃大師組游泳隊（Rose Bowl Masters swimming）、玫瑰盃潛水隊（Rose Bowl diving teams），以及玫瑰盃水球俱樂部（Rose Bowl water polo club）的培訓設施而聞名。

43. 一九五四～，美國自由撰稿作家，曾任《華爾街日報》記者。

44. 洛杉磯格里菲斯公園（Griffith Park）的一部分，為眾多西部片、科幻電影及電視劇的知名拍攝地點。

45. 一八一二～一八八九，英國維多利亞時代的詩人、劇作家。

46. 一九三七～，美國男演員、導演，二〇一二年獲頒「金球獎」終身成就獎。

47. 一九三四～二〇二三，美國男演員、導演、音樂家和歌手。

48. 一九三三～，英國知名男演員，二〇一五年獲頒「歐洲電影獎」終身成就獎。
49. 一八三二～一八九九，美國少年文學作家。
50. 一八六四～一九一五，德國精神病學家。
51. 一種光敏化學品，因為具備高感光性，常用於照相膠片、相紙與相關的攝影技術中。
52. 一八二二～一八八四，奧地利科學家，天主教聖職人員，也是現代遺傳學的創始人。
53. 一九七〇年由瑪姬．庫恩（Maggie Kuhn）創立，致力解決年齡歧視與相關的社會正義問題，並積極從事反戰活動、醫療保險和社會保障保護、代際共享住房、LGBT權利倡導、環保主義、公平待遇療養院人員的數量，以及促進單一付款人醫療保健等運動。
54. 位在美國新墨西哥州中部地區，橫跨格蘭河的兩岸，為全美國成長最快的城市之一。
55. 一九三二～一九六三，美國詩人、小說家及短篇小說作家。
56. 一九三〇～二〇〇四，美國靈魂音樂家、鋼琴演奏家，是節奏布魯斯音樂的先驅。
57. 一九四八～，美國音樂人，吉他演奏家。
58. 一八七九～一九五八，威爾斯精神病學家，也是第一位英語世界的精神分析學家，佛洛伊德摯友。
59. 美國國家圖書獎是美國文學界的最高榮譽之一，始於一九五〇年，每年十一月在紐約頒獎，設有小說、非小說、詩歌、少年圖書四個大獎，頒發給前一年出版的文學作品，並向做出卓越貢獻的作家頒發終身成就獎。
60. 於一九一七年根據約瑟夫．普立茲（Joseph Pulizer）的遺囑成立的獎項，用以表彰對美國國內在報紙、雜誌、數字新聞、文學及音樂創作等領域的成就與貢獻，目前這個獎項交由哥倫比亞大學負責管理。
61. 一八六九～一九四八，英屬印度政治人物，印度民族主義運動和國大黨領袖，他帶領印度脫離英國殖民地統治，被視作「印度國父」，並尊稱為「聖雄甘地」。
62. 一九一八～二〇〇七，瑞典知名電影、戲劇、歌劇導演。
63. 位在辛巴威首都哈拉雷（Harare）南部的鄉鎮。
64. 一九二五～二〇一六，美國知名女演員。

65. 美國用於表彰其電視工業傑出人士和節目的獎項，成立於一九四九年，地位等同於電影界的奧斯卡金像獎（Academy Award）、音樂界的葛萊美獎（Grammy Awards）以及戲劇界的東尼獎（Tony Award）。

66. 一九一〇～二〇〇七，美國舞臺劇及電影演員、歌手，同時也是電視節目的常客與藝術代言人。

67. 一八九九～一九八〇，英國電影導演及製片人。

68. 一八一二～一八七〇，英國維多利亞時期的作家。

69. 一九一八～一九九〇，猶太裔美國作曲家、指揮家、作家、音樂教育家、鋼琴家。

70. 一九二七～一九八七，美國知名演員，電影、音樂與舞臺劇均有成就，在因心臟病去世的前一年仍在編寫並執導百老匯音樂劇。

71. 一八六七～一九五九，美國著名建築師，作品包括落水山莊和紐約古根漢美術館。

72. 一八六九～一九五四，法國畫家、雕塑家及版畫家，也是「野獸派」的創始人。

73. 一八八一～一九七三，西班牙藝術家、畫家、雕塑家、版畫家、舞臺設計師、作家，為「立體主義」的創始者之一。

74. 一八七九～一九五五，美籍猶太裔理論物理學家，現代物理學的兩大支柱「相對論」及「量子力學」的創立者，也是「質能等價公式」（$E=mc^2$）的發現者。

75. 美國職棒大聯盟波士頓紅襪隊（Boston Red Sox）的主場，落成於一九一二年，為現今大聯盟使用中的球場裡最古老的球場。

76. 一九六四～，美國網際網路巨頭「亞馬遜公司」創始人。

77. 一九七一～，美國民營航太製造商和太空運輸公司「SpaceX」創始人。

78. 田中加子現在已經過世，她生於一九〇三年一月二日，二〇二二年四月十九日逝世，以一一九歲又一〇七天創下近代已知第二長壽的紀錄。

79. 日本節日「敬老の日」，九月的第三個星期一。

80. 《西鄉殿》（西郷どん）特別節目（3）（二〇一八年十月二十日，NHK），VTR演出。

81. 《今晚比一比》（今夜くらべてみました）（二〇一八年十一月二十一日，日本電視臺）。
82. 收錄於《格林童話》，講述漢賽爾（Hansel）與葛麗特（Gretel）兩兄妹被遺棄在森林裡，並差點被邪惡的糖果屋女巫吃掉的故事。
83. 密西根州立大學心理學系助理教授。
84. 美國皮膚病學會院士。
85. 一八七六到一九六五年間，美國南部和邊境各州對有色人種實行種族隔離制度的法律。
86. 一八五〇～一九〇九，德國心理學家，第一個描述「學習曲線」的學者，開創了關於記憶的實驗，並因發現「遺忘曲線」和「間距效應」而聞名。
87. 一九一五～二〇一六，美國心理學家，提出教育心理學「認知學習理論」的學者。
88. 一九〇七～一九九六，美國格式塔心理學家和社會心理學的先驅。
89. 一九〇三～一九九七，美籍加拿大裔作家、教育家、工匠和舞蹈民族學家。
90. 位於美國佛蒙特州奧爾良縣最南端的城鎮。
91. 曼陀羅（mandala）是西藏佛教特別的繪畫形式，意指「和諧的世界」。
92. 比喻庸庸碌碌、一事無成。
93. 一九二六～，美國天主教本篤會僧侶，作家和講師。
94. 一八〇七～一八八二，美國詩人、翻譯家，爐邊詩人（firesidepoets）的成員之一。
95. 一七二四～一八〇四，啟蒙時代著名德意志哲學家，德國古典哲學創始人。
96. 一七九七～一八二八，神聖羅馬帝國奧地利作曲家，早期浪漫主義音樂的代表人物，被認為是古典主義音樂的最後一位巨匠。
97. 一四七五～一五六四，義大利文藝復興時期的藝術巨匠，與李奧納多・達文西（Leonardo da Vinci）和拉斐爾（Raffaello Santi）並稱「文藝復興藝術三傑」。

98. 位於梵蒂岡的天主教宗座聖殿，建於一五〇六～一六二六年，為天主教會的重要象徵之一。

99. 一七七五～一八五一，英國浪漫主義風景畫家，他的作品對後期的印象派繪畫帶來巨大的影響。

100. 一九三四～一九九二，英國攝影師、作家、文化工作者和照片治療師。

101. 又稱「元認知」，即對自己認知過程及內容的認知，可以作為一種學習策略。

102. 一八九二～一九五〇，美國抒情詩詩人、劇作家，第三位獲得「普立茲詩歌獎」的女性。

103. 一八一九～一八八〇，英國小說家、詩人、記者、翻譯家。

104. 一八八七～一九八二，美籍波蘭裔猶太人，著名鋼琴演奏家。

105. 一八六〇～一九六一，美國民間藝術家，曾登上《時代》雜誌封面，她的傳記紀錄片還獲得奧斯卡金像獎的入圍肯定。

106. 一八九四～一九九一，美國舞蹈家和編舞家，現代舞蹈史上最早的創始人之一。

107. 一九〇六～一九九五，美國教師、農民、機械師、作家，他的小說《就說它是睡著了》被譽為二十世紀三〇年代美國文學中被忽視的傑作之一。

108. Ellen MacArthur Foundation，EMF。美國第十二大的私人基金會，總部設於芝加哥，該基金會支持約五十個國家的非營利組織。

109. 美國佛蒙特州本寧頓的一所私立文理學院，創建於一九三二年。

110. 由美國發明家薩繆爾·摩斯（Samuel F. B. Morse）及助手艾爾菲德·維爾（Alfred Lewis Vail）於一八三六年發明的一種時通時斷的訊號代碼。

111. 一九二四～一九八七，美國作家，小說家，詩人，劇作家和社會活動家，作品主要關注二十世紀中葉美國的種族問題和性解放運動。

112. 一九一三～一九九四，美國政治家，第三十七任美國總統，於一九七四成為美國史上唯一一位在任期內辭職下臺的總統。

113. 二〇〇五年八月出現的五級颶風，在美國路易斯安那州紐奧良造成了嚴重破壞。

114. lizard brain，神經科學家保羅．麥克連（Paul MacLean）描述人類大腦有三個部分，分為蜥蜴腦、哺乳類腦和新皮質，蜥蜴腦或稱爬蟲類腦，是人類遠古遺留下來，掌管求生本能與呼吸心跳等維生功能。

115. 意指「脾氣暴躁的老人」，續集意指「脾氣更加暴躁的老人」。

116. 美國一九三〇年代浮現的一種經濟方面種族歧視，銀行對住在以紅筆劃為不利投資社區的居民，拒絕提供貸款等服務或要求較高的服務成本，這些居民通常是少數族裔，直到一九七〇年代的法規約束下才有所收斂。

117. 一個出租住宿民宿的網站，創立於二〇〇七年，讓旅行者通過網站或手機發掘和預訂世界各地的獨特房源，為近年來共享經濟發展的代表之一。

118. 美國加利福尼亞州中部和南部沿海地區的原住民。

119. 全國運動汽車競賽協會，目前美國最大、也最受認可的賽車競速團體。

120. 一九一〇～一九九七，天主教仁愛傳教修女會建會修女，諾貝爾和平獎得主。

121. 一九二一～，美國國家航空暨太空總署的太空人、工程師、政治家、機師。葛倫是第一位進入地球軌道的美國太空人，也是第三位進入地球軌道的人類。

122. 一九三三～二〇二〇，美國法學家，曾獲時任總統比爾．柯林頓（Bill Clinton）提名，擔任美國最高法院大法官直至其去世，她是繼珊卓拉．戴．歐康納（Sandra Day O'Connor）之後最高法院第二位女性大法官，也是首位美國猶太裔女性大法官。

123. 又稱「頻率錯覺」（frequency illusion），意指第一次注意到某件事後，往往會更加注意到它，使得人們以為它的發生頻率增加。以德國恐怖分子「巴德爾邁因霍夫」命名是因為一九九四年一個論壇貼文，該用戶指出首次注意到這個恐怖分子名字後，就不斷注意到它。

124. 一九三五～一九九四，美國醫學社會學家、殘疾人權利活動家、作家。

125. 一九五八～，美國女歌手、詞曲作家、演員，被稱為「流行女皇」（Queen of Pop）。

126. 一九四三～，美國知名電影演員和製片人。

127. 一九一六～一九九〇，英國兒童文學作家、劇作家、短篇小說作家，早年曾任英國皇家空軍飛行員和駐外情報官。

128. 一八六二～一九一八，維也納的象徵主義畫家，也是維也納分離派運動最具代表性的成員之一，他的作品以坦率的情色性為標誌。

129. 一九一六～二〇〇一，美國心理學家，研究領域為成人發育和衰老心理學。

130. 紐約市曼哈頓南部下西城的一個大型居住區，是一九六〇年代反文化運動的中心。

131. 二〇一二年於加勒比海西部生成的大西洋颶風，對美國東海岸造成嚴重損害。

132. 一個抗議針對黑人的暴力和「系統性歧視」的國際維權運動，起因為二〇一二年二月於美國發生的非裔青年崔溫．馬丁（Trayvon Martin）的槍殺事件。

133. 二〇一七年十月「哈維．韋恩斯坦性騷擾事件」（Harvey Weinstein sexual abuse cases）後在社交媒體上廣泛傳播的一個主題標籤，用於譴責性侵犯與性騷擾行為。

134. 美國一場大規模反對種族隔離的社會運動，起因是黑人羅莎．帕克斯在一九五五年十二月一日拒絕聽從蒙哥馬利巴士司機詹姆斯．F．布萊克（James Fred Blake）的命令，不肯讓位給一名白人乘客而引起。

135. 二〇一七年，美國一群年輕人為迫使政府對氣候暖化議題作出政策上的改變，發起了「日出運動」（Sunrise Movement），並於二〇一八年的期中選舉時到眾議院議員南西．裴洛西（Nancy Pelosi）的辦公室靜坐，要求民主黨接納「綠色新政」（Green New Deal）。

136. 意指顯而易見，卻沒有人想要提起的棘手問題。

137. 一九三〇～二〇一七，聖露西亞詩人，一九九二年諾貝爾文學獎得主。

138. 國家美式足球聯盟（也稱為國家橄欖球聯盟，ＮＦＬ）的年度冠軍賽，勝者被稱為「世界冠軍」。

139. 美國選舉期間，如果因故無法現場投票，如長者身體狀況不允許，便可事先申請缺席投票，申請核准後，就會收到缺席選票，再以郵寄方式進行投票。

國家圖書館出版品預行編目資料

不老思維：只要你願意，就可以越活越年輕 / 貝卡．雷維著；陳芙陽譯--初版.--臺北市：平安文化, 2023.10 面；公分. --(平安叢書;第774種)(UPWARD;149)
譯自：Breaking the Age Code: How Your Beliefs About Aging Determine How Long and Well You Live
ISBN 978-626-7181-87-4 (平裝)

1.CST: 老年心理學 2.CST: 老化 3.CST: 身心關係

173.5 112015097

平安叢書第0774種
UPWARD 149

不老思維

只要你願意，就可以越活越年輕

Breaking the Age Code: How Your Beliefs About Aging Determine How Long and Well You Live

作　　者—貝卡．雷維
譯　　者—陳芙陽
發 行 人—平　雲
出版發行—平安文化有限公司
台北市敦化北路120巷50號
電話◎02-27168888
郵撥帳號◎18420815號
皇冠出版社(香港)有限公司
香港銅鑼灣道180號百樂商業中心
19字樓1903室
電話◎2529-1778　傳真◎2527-0904
總 編 輯—許婷婷
執行主編—平　靜
責任編輯—蔡維鋼
美術設計—嚴昱琳
行銷企劃—鄭雅方
著作完成日期—2022年
初版一刷日期—2023年10月

法律顧問—王惠光律師

讀者服務傳真專線◎02-27150507
電腦編號◎425149
ISBN◎978-626-7181-87-4
Printed in Taiwan
本書定價◎新台幣450元/港幣150元